十五周年增订纪念版

THE NEW SOCIAL STORY™ BOOK
REVISED AND EXPANDED
15TH ANNIVERSARY EDITION

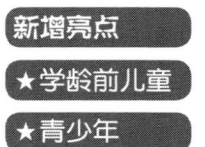
新增亮点
★学龄前儿童
★青少年

社交故事新编

教会孤独症谱系障碍人士日常社会技能的185个社交故事

[美] 卡罗尔·格雷（Carol Gray）/ 著
鲁志坚　王漪虹/译
刘　忠　袁　敏/图

华夏出版社
HUAXIA PUBLISHING HOUSE

谨以此书献给亚历克斯·吉尔平（Alex Gilpin）
以此纪念并庆祝他精彩不凡的一生

致社交故事发展史上的人们

近 20 年前，我开创了**社交故事**（Social Story™）教育法。从那时起，我认识了数以千计才华横溢而又风趣十足的人。这群被**社交故事**吸引到一起来的人给我留下深刻的印象。本书是大家集体努力的结晶，我由衷感谢每一位参与者。这里，我想说一下其中几位的付出和贡献。我认为他们是世界上各行各业人们的杰出代表。他们参与写作**社交故事**，他们给孩子朗读**社交故事**，他们支持**社交故事**。他们每一天都在丰富着**社交故事**的发展史。

埃里克（Eric）和蒂姆（Tim）。他们年龄相差 15 岁，体重相差 68 千克，1990 年秋季开学时，埃里克和蒂姆都是我的辅导对象。那时，埃里克快要高中毕业了，蒂姆才刚刚进入幼儿园。埃里克和蒂姆从没见过面，可是他们两个人都在**社交故事**发展史中起到重要的作用。和埃里克的一次谈话使我看事情的视角更加精准，那是一次思考模式的转变。我下定决心把自己从埃里克这里学到的东西付诸实践。一周后，我为蒂姆写下了自己的第一个**社交故事**。我一生里有过许多的老师，而迄今为止，埃里克和蒂姆对我的影响最为深远。

布赖恩（Brian），我的先生。在 1990 年的秋季，我为自己辅导的学生写的故事获得了巨大的成功。我那时候非常犹豫要不要和别人分享自己的成功，真的很犹豫。这主要是因为我天生腼腆害羞。尽管我多次反对，我的先生布赖恩却一直鼓励我和他人分享自己在**社交故事**上的成功。在他的鼓励之下，我在印第安纳州首府印第安纳波利斯举行了自己的第一次**社交故事**介绍会。我的介绍会引起了人们极大的兴趣，可是我却在会议剩下的时间里一个人躲在旅馆房间里。整整两天都是靠客房服务度日！在**社交故事**的曲折发展过程中，布赖恩一直是我的教练，而且，他永远都是我最好的朋友。

乔安娜·卡恩斯（Joanna Carnes）和巴雷特·格雷（Barrett Gray）。我先生布赖恩和我很幸运，我们有两个非常棒的孩子：乔安娜和巴雷特。他们非常清楚**社交故事**的发展史，而且他们本身也是这其中很重要的一分子。回看来路，他们给予我的耐心、冷静的支持深深地打动着我。

当然了，乔安娜出嫁之前是姓格雷（Gray）的。现在她嫁给了马克（Mark），并为我们添了外孙瑞安（Ryan）。乔安娜可能从没这么想过，但实际上是她的话使这本书得以完成。在写这部书稿的关键时候，我感到自己疲惫不堪，难以胜任。**故事**太多了，而每天的时间只有那么一点，还有那么多其他的事情要完成。我把自己的挫折讲给乔安娜听，她用一种我永远也不会忘记的冷静和信心对我说："你需要设定一些限制。有时候，你只要说，'我现在做不了这个。'"突然之间，我看清楚了那些和完成这本书这个目标无法并行的事情。我非常感谢她。从那以后，我能很高兴地说出来，"我做不了这个。"（当然，是在正确的时候说这话。）她是对的，她的方法很有用。

我的儿子巴雷特参加过我早期的一些介绍会。阿尔伯克基市的那一次介绍会我记忆犹新。会议结束后，我们开车北上的时候，巴雷特手里拿着一摞满意度调查表。远处，朦胧的紫色风暴笼罩在地平线上。巴雷特给我读满意度调查表上的评论意见。这些评论多数都是积极肯定的，但是真正能进入到我心里并打动我心的却是那些批评。表扬算不了什么。巴雷特把那些写有负面评论的表格扔到车后座上。别误会我——我珍惜那些富有建设意义的批评和反馈。可是每当我遇到那些我认为不应该的批评的时候，我脑子里就出现一张揉皱了的纸，飞往车后座，而夜晚的紫色天空中，闪电照亮了那张纸。多年以后，在当地一间酒吧里，就着一杯红酒，巴雷特把最初的**社交故事**比率变成了目前的**社交故事公式**。

乔伊·加伦德（Joy Garand）和埃德娜·史密斯博士（Edna Smith，Ph.D.）。在印第安纳波利斯的第一次**社交故事**介绍会后，我认识了一位来自于俄亥俄州的年轻特殊教育教师乔伊·加伦德和当时密苏里项目 ACCESS 的总监埃德娜·史密斯博士。乔伊参加了我在印第安纳波利斯的介绍会，几个月后她写信给我，和我分享她运用**社交故事**的成功。我记得自己很吃惊——**社交故事**不仅在密歇根我这里成功了，它们在俄亥俄州也成功了！乔伊和我共同写了一篇文章——"**社交故事**：用准确的社交信息来提高孤独症学生的回应能力"。埃德娜帮我们把这篇文章提交给了《聚焦孤独症行为》（*Focus on Autistic Behavior*）杂志。这本杂志于 1993 年发表了这篇文章。与乔伊和埃德娜的相遇使**社交故事**正式进入孤独症领域。

托尼·阿特伍德博士（Dr. Tony Attwood）[①] 是最早支持**社交故事**的专家之一。托尼联系了我，要听听我对他的新书稿《阿斯伯格综合征：给父母和专家的指导》（*Asperger's Syndrome: A Guide to Parents and Professionals*）中一部分章节的意见。他想确认自己对**社交故事**的描写是准确的。正如我对乔伊在**社交故事**上的成功感到吃惊一样，我很惊讶，一位知名的孤独症专家，还是来自另外一个国家的专家，竟然在自己的书中谈及我的工作。不仅如此，托尼也是真正理解**社交故事**的。他对**社交故事**的描写拓展了我自己对它们的理解。（现在，托尼是我珍视的好朋友，我深深敬佩他对我们这个领域做出的贡献。当他同意为本书的十周年增订纪念版写序时，我欣喜万分，同时又感到无比荣幸。）

彼得·维穆伦博士（Peter Vermeulen, Ph.D.）是《情景盲的孤独症》（*Autism as Context Blindness*，2012）一书的作者，他扩宽了我对孤独症人士情景挑战的思路。相应地，他的想法也对**社交故事**产生了重大影响。我万分敬佩他和他的作品。能有他这样一位新朋友实在是太棒了。

[①] 编注：世界知名的阿斯伯格综合征专家，著有《阿斯伯格综合征完全指南》（*The Complete Guide to Asperger's Syndrome*）一书，此书的中文简体版已于 2012 年由华夏出版社出版。

黛安娜·特瓦克特曼－库连博士（Diane Twachtman-Cullen, Ph.D.），CCC-SLP，他把我介绍给未来地平线（Future Horizons）的总裁韦恩·吉尔平（Wayne Gilpin）。黛安娜鼓动韦恩去听了一次我早期的介绍会。刚开始，我想韦恩不会相信这些故事会有什么正面的影响。但是，他留下来听完了那天的整场介绍会，……而后，他改变了看法。这给我留下深刻印象。最终，他提出要出版发行最早的**社交故事**，书名就叫《原创社交故事》——尽管已经有好几家出版社拒绝了我的书稿。

基思·洛维特（Keith Lovett），英国孤独症自立会的总裁，他把**社交故事**带到了英国，并且一直以来都资助**社交故事**工作坊。基思关心孤独症谱系障碍人士的教育和福利，这也包括保护他们使用的指导技巧的品质。假如**社交故事**有父亲的话，那么非基思莫属。他很关注这种教育方法，如果出现误解就会告知我，并且坚持不懈地努力维护在英国开办的**社交故事**工作坊的品质。

社交故事团队是一个不断壮大的讲师队伍。他们和我一起在世界范围内开办高品质的工作坊。我还记得在简尼森公立学校讲课的时候，我和他们的人事主管的谈话。我们当时讨论了我的**社交故事**工作坊和介绍会的数量在不断扩大。我问，"要教会人们写**社交故事**得花多长的时间呢？目前的情形不可能永远持续下去。"但是现在，我认为是可以持续下去的。那也是我为什么从**社交故事团队**中招聘人手。现在我们在五个国家都有组员。要想了解我们目前全部的组员名单，请访问上面给出的格雷中心的网站。

我的度假屋朋友们在这本书里也有所反映。他们是我去年夏天在自家的度假小屋里能接触到的唯一的"社交规范"。我这本书的大部分都是在那儿写完的。通常我把他们称为我的"度假屋朋友"，他们帮助我找了许多的**故事**话题。我常常会问他们一些有关社交概念和社交技巧的反常问题。比如，一个人的拥抱和两个人的拥抱有什么区别？我的提问往往会引起大家的讨论，很少出现大家都认可的答案，我的问题总是被这群人彼此之间牢不可破的相互尊重和独特的个性束缚住。我很庆幸生活中有这些朋友。我感谢他们对这本书的无私奉献。我想要公开地感谢保罗（Paul）和帕特（Pat），格兰尼（Granny），吉姆（Jim）和毛伦（Maureen），杰夫（Jeff）和马尔奇（Marci），谢里（Sheri），安迪（Andy）和C，基思（Keith）和桑迪（Sandy），以及博尔迪（Prudy）和吉姆（Jim）。是他们让生活变得更加简单而又充满乐趣。我希望下辈子的生活里还能有他们做朋友。

短腿猎犬汉克（Hank）和艾玛（Emma）是我在密歇根毛绒松狗公园里的好朋友，它们在这次的修订中扮演着很重要的角色。在毛绒松公园里，狗和人类都是朋友，这种随机性的来访与离去却打造出一种独特的、随意却有活力的性格搭配。在那里，我们不只是遛狗和玩抛接球，我们分享生活中人和狗的故事——从成功到失败，以及中间的一切。有了汉克、艾玛和毛绒松公园，每一天都能有清晰且宁静的视角。狗和人比和巧克力更好。

邦诺书店（Barnes & Noble）里的男孩。在我写这本书的关键时候，他出现了。我真希望自己知道他的名字，这样我就能好好地感谢他了。在快要完成这本书初稿的时候，我连着两个星期不停地写，从睁眼写到闭眼。我觉得自己需要换个地方写。于是，我决定去家附近的河流镇的十字商场。我要在现场写作。正是在这里我写下了本书中有关上行扶梯和在美食中心吃东西的**故事**。我决定到邦诺书店去，在一个安静的书店咖啡厅里写个吃东西的**故事**。然而，那里挤满了人。我无法进入咖啡厅。于是，我就坐在一把软座垫椅子上，拿出笔记本电脑，开始写题为"这个地方很热闹"的**故事**。

就在那时候，他——9岁左右，棕色的卷发——出现了。他妈妈在不远处，而他独自向我走来。好吧，确切说，他靠近了我的电脑。他有许多孤独症谱系孩子的特点。他读着我在电脑屏幕上打出来的东西，抬起头向四周看看，然后转向我，问道："把这里正在发生的事情写下来，对你有帮助吗？"

我一时不知如何回答他的问题。现在我有答案了。是的，有帮助。把正在经历的事情写下来对我有帮助，因为这些故事让我认识了这些了不起的人，这些无与伦比的人。这些人，像我在此列出来的人一样，像在邦诺书店遇到的小男孩一样，像那些我从来没遇到过的人一样……但是我知道假如我遇见了他们我会很高兴。**社交故事**使我结识了最棒的人们，我一直都以能和他们在一起工作而备感荣幸。

目　录

前言 ··· 1

如何正确使用这本书 ··· 3

社交故事 10.2 教程

社交故事 10.2 教程介绍 ·· 1

标准 1　一个目标 ·· 5

标准 2　两步走的发现 ·· 8

标准 3　三个部分和一个标题 ··· 12

标准 4　编排格式 ·· 14

标准 5　确定叙述人称和词汇的五要素 ·· 19

标准 6　六个引导故事发展的问题 ·· 23

标准 7　七是句型 ·· 26

标准 8　GR-8 公式 ·· 28

标准 9　到九就是我的 ·· 30

标准 10　十条应用指南 ·· 31

第一章　通过故事学习

故事 1　我为你写下这些故事——来自卡罗尔·格雷的信 ················ 35

故事 2　通过故事学习 ·· 38

故事 3　这本书里的故事 ··· 39

故事 4　我的故事集 ·· 40

第二章　给学龄前儿童的社交故事

简介 ·· 43
故事 5　我穿拉拉裤 ·· 45
故事 6　总有一天，我会穿内裤 ·· 46
故事 7　小孩子长得有点慢 ·· 47
故事 8　我为什么需要新衣服 ··· 48
故事 9　什么是固定设备 ··· 49
故事 10　什么是马桶 ·· 50
故事 11　人们为什么要有马桶 ··· 52
故事 12　马桶冲走嘘嘘和臭臭 ··· 53
故事 13　马桶、管道和污水处理厂 ··· 54
故事 14　椅子 ··· 55
故事 15　马桶不是椅子 ··· 56
故事 16　坐在马桶上是安全的 ··· 57
故事 17　这是关于狗的故事。只有狗 ·· 58
故事 18　我的父母照顾我 ··· 60
故事 19　我正在学习系鞋带 ·· 62
故事 20　我们照顾金鱼弗兰克 ··· 63
故事 21　我要上幼儿园了 ··· 64
故事 22　去幼儿园 ··· 65
故事 23　当我在幼儿园时 ··· 67
故事 24　我的玩具 ··· 69
故事 25　不是我的玩具 ··· 70
故事 26　跟紧妈妈 ··· 71
故事 27　用跟紧，黏在一起 ·· 73
故事 28　用合作，黏在一起 ·· 74

第三章　自我护理

- 故事 29　洗手 ······ 75
- 故事 30　淋浴的十个步骤 ······ 77
- 故事 31　缩短淋浴时间，和他人公用卫生间 ······ 80
- 故事 32　如何缩短淋浴时间 ······ 81

第四章　变化

- 故事 33　变化 ······ 82
- 故事 34　形成生活常规的那些变化 ······ 83
- 故事 35　关于变化的看法 ······ 84
- 故事 36　我对变化的看法 ······ 85
- 故事 37　我们身边的变形金刚 ······ 86
- 故事 38　我们身边的变形金刚 ······ 87
- 故事 39　我们身边的变形金刚 ······ 88
- 故事 40　我是变形金刚 ······ 89

第五章　错误

- 故事 41　什么是错误 ······ 90
- 故事 42　托马斯·爱迪生和错误 ······ 91
- 故事 43　错误调查 ······ 92
- 故事 44　错误调查 ······ 93
- 故事 45　美好的一天也可以出错 ······ 94
- 故事 46　美好的一天也可以出错吗 ······ 95

第六章　感觉

- 故事 47　特雷弗团队里的那些人 ······ 96
- 故事 48　什么是舒服 ······ 97
- 故事 49　对我来说什么是舒服 ······ 98
- 故事 50　开心是一种舒服的感觉 ······ 99

| 故事 51　寻找微笑 ·· 100
| 故事 52　微笑！为什么 ···································· 101
| 故事 53　什么是不舒服 ···································· 102
| 故事 54　对我来说，什么是不舒服 ························ 103
| 故事 55　感到伤心没关系，但是感觉开心会更好 ·········· 104
| 故事 56　每个人都有一座能量堡 ························· 105
| 故事 57　欢迎来到能量堡 ································· 106
| 　　　　　照片廊 ··· 107
| 　　　　　媒体室 ··· 108
| 　　　　　剪贴簿室 ··· 109
| 　　　　　健身房 ··· 110
| 　　　　　我的团队成员 ····································· 111
| 故事 58　来能量堡吧 ······································ 112
| 故事 59　来能量堡的步骤 ································· 113

第七章　庆祝活动和礼物

| 故事 60　应邀参加生日聚会 ······························ 114
| 故事 61　我们要去参加一场盛大的家庭聚会 ··············· 115
| 故事 62　什么是礼物 ······································ 117
| 故事 63　礼物为什么很重要 ······························ 118
| 故事 64　为什么人们要把礼物包起来 ····················· 119
| 故事 65　如何送人礼物 ···································· 120
| 故事 66　如何拆礼物 ······································ 121
| 故事 67　为什么要等等再拆开礼物 ························ 122
| 故事 68　学习在包好的礼物面前保持冷静 ················· 123
| 故事 69　有些礼物令人失望 ······························ 124
| 故事 70　假如礼物令人失望，该怎么想、怎么做、怎么说 ···· 125

第八章　人际交往技巧和友谊

- 故事 71　如何与人打招呼 ······ 126
- 故事 72　人们为什么握手 ······ 127
- 故事 73　如何握手 ······ 128
- 故事 74　两个人的拥抱 ······ 129
- 故事 75　一个人的拥抱 ······ 130
- 故事 76　当轮到我倾听时 ······ 131
- 故事 77　感谢别人说善意的话 ······ 132
- 故事 78　感谢别人做的善意的事 ······ 133
- 故事 79　学习帮助别人 ······ 134
- 故事 80　帮助那些没开口请求帮助的人 ······ 135
- 故事 81　帮助那些需要帮助的人最容易 ······ 136
- 故事 82　帮助一个不想被帮助的人可能很难 ······ 137
- 故事 83　什么是分享 ······ 138
- 故事 84　什么是尊重 ······ 139
- 故事 85　用尊重的语气说出我的想法 ······ 140
- 故事 86　用尊重的语气重新说一遍 ······ 141
- 故事 87　穿过人群时要说"借过" ······ 142
- 故事 88　学习嚼口香糖 ······ 143
- 故事 89　三条重要的嚼口香糖礼貌 ······ 144
- 故事 90　嚼完口香糖后我该怎么处理 ······ 145
- 故事 91　靠运气定输赢的游戏 ······ 146
- 故事 92　靠技术定输赢的游戏 ······ 147
- 故事 93　输了游戏却赢得了朋友 ······ 148
- 故事 94　游戏结束后 ······ 150

第九章 欺凌：怎么想、怎么说、怎么做

故事 95　欺凌简介 …… 151

故事 96　什么是校园欺凌 …… 152

故事 97　什么样的学生想欺凌别人 …… 153

故事 98　我的团队 …… 154

故事 99　面对欺凌该想些什么 …… 156

故事 100　面对欺凌该说什么，怎么说 …… 158

故事 101　面对欺凌该做什么 …… 160

故事 102　关于如何回应欺凌事件，我的团队学到了什么 …… 163

第十章 理解大人

故事 103　大人是不断长大的孩子 …… 165

故事 104　学习尊重大人 …… 166

故事 105　大人是不是什么都知道呢 …… 167

故事 106　爸爸妈妈为什么要养育孩子 …… 168

故事 107　大人做很多重大的决定 …… 169

故事 108　不好玩也要做的事情 …… 170

故事 109　好玩的结束了 …… 172

故事 110　请快点儿 …… 173

故事 111　许可 …… 174

故事 112　很多大人都爱说"可以" …… 175

故事 113　说"可以"的三个方法 …… 176

故事 114　如果回答是"不"——给孩子希望的小故事 …… 177

第十一章 家

故事 115　搬新家 …… 178

故事 116　在弗莱彻家里，谁会做什么 …… 180

故事 117　一团糟的真相 …… 181

故事 118　在家，用尊重的语气重新说一遍 ·········· 182
故事 119　什么是保姆 ·········· 183
故事 120　我的保姆了解我 ·········· 184

第十二章　社区

故事 121　搬进新社区 ·········· 185
故事 122　上行扶梯 ·········· 186
故事 123　在美食中心吃东西 ·········· 187
故事 124　这个地方很热闹 ·········· 188

第十三章　学校

故事 125　今天要上学吗 ·········· 189
故事 126　今天缺勤？没关系 ·········· 190
故事 127　教学日里的预约 ·········· 191
故事 128　当我的老师不在我身边的时候 ·········· 192
故事 129　代课老师上课的日子 ·········· 193
故事 130　课程表 ·········· 194
故事 131　我们的活动安排表 ·········· 195
故事 132　了解学校的要求 ·········· 196
故事 133　黄色大指示牌：大家认真听仔细看 ·········· 197
故事 134　决定权在老师 ·········· 199
故事 135　排队时的位置 ·········· 200
故事 136　学习在学校排队 ·········· 201
故事 137　在门前排队等候 ·········· 202
故事 138　我会排在第一个吗 ·········· 203
故事 139　学习在学校里尊重他人 ·········· 204
故事 140　在学校里尊重他人 ·········· 205
故事 141　用尊重的语气和老师说话 ·········· 206

故事 142　在学校，用尊重的语气重新说一遍 ······ 207
故事 143　在学校，我用尊重的语气说话 ············ 208
故事 144　什么是练习 ····································· 209
故事 145　在学习的过程中会出错 ···················· 210
故事 146　学校的功课就是练习 ······················· 211
故事 147　真棒啊 ·· 212
故事 148　把自己的问题告诉老师 ···················· 213
故事 149　遇到难题要保持冷静 ······················· 214
故事 150　如果功课很难怎么办？老师能帮忙 ···· 215
故事 151　我的老师在思考什么 ······················· 216
故事 152　如何做一个写作盒 ··························· 218
故事 153　如何写出一个真实的故事 ················· 219
故事 154　完成作业的好方法 ··························· 221
故事 155　小组活动中提出的好问题 ················· 222
故事 156　紧急情况 ······································· 223
故事 157　什么是演习 ····································· 224
故事 158　为什么校长要安排演习 ···················· 225
故事 159　学校里的火警演习 ··························· 226
故事 160　学校里为什么有火警报警器 ············· 227
故事 161　龙卷风演习 ····································· 228
故事 162　大家都去哪儿了 ······························ 229

第十四章　地球

故事 163　这就是地球上的生活 ······················· 231
故事 164　我要坐飞机了 ································· 233
故事 165　谁是机组成员 ································· 234
故事 166　谁是飞机上的乘客 ··························· 235
故事 167　什么是安检 ····································· 236

故事 168	安检的要求	237
故事 169	爸爸、妈妈和机场安检	238
故事 170	机场警察的话是什么意思	239
故事 171	有时候登机桥的队伍走得很慢	240
故事 172	父母是重要的乘客	241
故事 173	孩子是重要的乘客	242
故事 174	本次航班准点吗	243
故事 175	为什么有些航班会延误	244
故事 176	我家附近有大火灾	245
故事 177	疏散是什么意思	246
故事 178	我们为什么要离开家	247
故事 179	人们宁愿待在家里	248
故事 180	或许我可以做这个	249

第十五章　社交文章

介绍 ······ 250

故事 181	人们为什么要泡澡或淋浴	252
故事 182	分享地球	253
故事 183	晚间新闻	254
故事 184	每天结束的时候	255
故事 185	为无意的错误而道歉	256

词汇表

什么是词汇表 ······ 261

词汇表 ······ 262

十周年增订纪念版的前言 ······ 267

前　　言

经典著作《社交故事新编（十周年增订纪念版）》已载入孤独症史，在最新修订版的前言里我该说些什么呢？四十多年来，我一直致力于帮助孤独症和其他发展性障碍人士，因此请允许我倚老卖老，说一说**社交故事**在我多年的工作中所产生的效果。

让我们从卡罗尔说起吧。卡罗尔是这世上最有想法、最有创造力、最有洞察力的教育工作者之一（毫不夸张！！）。我曾有幸与卡罗尔一同参与过不计其数的活动，也为她在大会的发言做过主持。她总能令我惊叹不已，她对孤独症人士的体验有着敏锐的直觉，这使她能够更深刻地理解哪些知识与支持能最有效地帮助他们。**社交故事**是卡罗尔了不起的发明之一，它重塑了孤独症的教育与疗法；最重要的是，这源自她对她所支持的人们的爱与尊重。她将他们视作一起分享人生的同人，这恰恰是很多教育与治疗工作中所缺少的。

社交故事传递出的"重点干预法"，是我在多年的孤独症研究与咨询中应用最广的方法，它适合依据不同理论和采用不同方法的干预计划（例如，行为的、发育的）。在各种类型的学校、家庭、社区里，家长、兄弟姐妹、专业人士及辅助教育工作者都使用**社交故事**。如果说模仿是最真诚的夸赞，那么**社交故事**绝对是福杯满溢。**社交故事**被复制、改写、重组，人们需要仔细检查它们是否符合卡罗尔在结构与应用方面对**社交故事**的具体要求。严重违背这一理念的做法之一是将**社交故事**仅用于纠正行为，而不去提高社交理解。卡罗尔很清楚这件事，因为她是那么地关心发展性障碍人士的自尊养成。当然，在促进社交理解方面有重点地进行个性化支持是**社交故事**的一大标志。

很多从业者把**社交故事**看得很简单。其实不然，一丝不苟地按照卡罗尔的标准完成的**故事**绝对能作为一种优质的策略来使用。**社交故事**在教育实践中行之有效，研究也已证实**社交故事**是对各年龄段、不同类别的发展性障碍人士的必备支持。事实上，在这本最新版中，卡罗尔为学龄前儿童加入了两个章节（其中一章是关于如厕的），同时还扩充了每个章节的内容，并加入了一组写给成人的**社交文章**。

是的，**社交故事**可以说是一种促进社交理解的有效且有意义的方法，但更深层的目的是通过提高儿童和成人对生活中遇到的社交情景的理解，使他们在日常生活和活动中能够具备主动参与的能力。**社交故事**的有效运用远不止这些——它使得从业者和家长建立起相互信任的合作关系。最后，**社交故事**的终极目标就是：帮助人们成为自主、自信、能干的人。

所以，行动起来吧，用**社交故事**让你的学生和支持对象看一看你有多爱、多在乎他们。在你的努力下，他们会在这个疯狂的世界里茁壮成长，并过上幸福的生活。

巴里·M. 普桑瑞博士，言语语言治疗师（Barry M. Prizant, Ph.D., CCC-SLP）
布朗大学艺术家与科学家合作项目客座教授
罗德岛克兰斯顿儿童沟通服务项目负责人
SCERTS® 模型联合开发者
《这世界唯一的你：孤独症人士独特行为背后的真相》作者

如何正确使用这本书

我在写这本**社交故事**集子的过程中，脑子里始终想着你们和你们照顾的儿童或青少年（我把他们看作你**故事**的"**听众**"）。对于这些**故事**的使用，你可以有不同的方式。你可以直接从书中拿出来用，或者，把它当作一个参考模式来写你自己的**故事**。这里简单介绍一下，以便你熟悉本书中的资源，特别是书中的**故事**和**社交故事** 10.2 教程。

这本书包含 185 个**社交故事**。有些是为我直接辅导的学生写的，有些是为同行父母以及教育者写的。根据不同的主题，这些**故事**被分入不同的章节中：通过故事学习、变化、错误、我和我的感觉、庆祝活动和礼物、人际交往技巧和友谊、欺凌、理解大人、家和社区、学校、地球。其中有些章节专门讲特定的内容，其他的则专门讲一些对孤独症谱系障碍孩子最具有挑战性的问题。我尽量把那些家长和教育者最为需要的以及从我个人经验来看对孩子最有帮助的**故事**都包括进来。

这本书里的一些**故事**是专为集体使用设计的，要按顺序使用。**能量堡故事**（故事 56 ~ 59）讲述了一个想象中的舒适区（Come to Fort Able =ComFortAble），每一个**能量堡故事**讲述"堡垒"里的一个"房间"。**欺凌故事**（故事 95 ~ 102）也是需要按顺序读完，按顺序做练习。

假如你能加入学生能够认出来并能理解的照片以及/或者影像，这会对学生极其有益。这也能极大提高**故事**的有效性。（我将在**社交故事** 10.2 教程里进一步讨论这个问题。）

另一方面，要注意有些孩子看到照片后的反应可能会对他们理解社交场合或者社交技能造成负面影响。他们可能会认为这个**故事**只适用于照片中的孩子，而不适用于他们自己。所以，如果你的孩子或者学生的思维方式是很具体的，难以把技能泛化，那么可能你就只能用文字形式的**故事**，然后以他/她的经历量身定写**故事**，而书中已经有插图的**故事**就只能作为参考了。

尽管多数**故事**能照搬照用，但是本书里有些**故事**在和听众分享前一定要进行改编。这些**故事**都是以想象人物来写的（例如，特雷弗、梅森、弗莱彻等）。这些故事包含了对过去已发生事情的描述。在使用前要先看看这些**故事**，找些改编灵感，然后进行编辑加工，用你的**听众**的个人经历取代**故事**中的细节。如果能用第一人称叙述，就好像是你的**听众**在说话，那么这种个性化的**故事**对你的**听众**来说最有意义。

这本书里的很多**故事**都被有意地"过度书写"了，比我给自己辅导的学生所写的句子要长，或者内容要多。我这么做的目的是在保证**故事**结构完整性的前提下，给你们提供尽可能多的想法，以及尽可能多的措辞选择。你们可以先读一读**故事**，再决定它是否能原封不动地拿来给你照顾的孩子使用。你也许认为**故事**要改写，那么你就需要足够的文本来删减并且/或者使用你认为合适的方法来把这个**故事**个性化。

给年龄较小或程度较重的**听众**使用时，可以简化**故事**。只保留原**故事**每个段落的第一句，删除其余部分即可。简化**故事**的方法还有：从逗号处断句，变成两个独立的句子；或者把一个**故事**分解成两个或多个小**故事**。

无论你是初学者还是经验丰富的**社交故事**作者，本书旨在为你的学习提供持续支持。**社交故事** 10.2 教程旨在教给你们**社交故事**写作中的艺术和科学。教程部分是你们自己的**社交故事**工作坊，你可以按自己的节奏学习。它包括教程介绍、**社交故事**标准 10.2 的详细说明，以及为每个标准设置的练习活动。一旦你成功读完十条标准，并完成十个标准的所有练习活动，你就能够为你看护的孩子写出好的**社交故事**了。不过，我还是建议你们在写作过程中时时参考这十条标准来获取灵感和支持。此外，我鼓励大家参加**社交故事**的官方培训。在培训课上，通过和其他人一起练习，你们能提高**故事**写作能力。

网络是非常好的资源。但是很可惜，网上很多**社交故事**资料都是过时且不准确的。务必谨慎使用。很多网站不顾**社交故事**的定义及其对安全性的重视，滥用**社交故事**的概念。这些网站未经我的许可，就以我的名义提供信息。在搜索时，请认准**社交故事**商标，它是品质的保证。可随时登录 CarolGraySocialStories.com 和 FHautism.com，获取最可靠的信息。

感谢你们对**社交故事**的喜爱。我很高兴这本书能落在善用之人的手里！希望你们在探索**社交故事**的过程中体会到乐趣。我真诚地希望本书能帮到你们。希望它像老朋友那样——在今后很多年里，在你们需要支持的时候——成为你们所信任的书籍。衷心祝福你们以及你们的**听众**！

社交故事 10.2 教程

社交故事 10.2 教程介绍

欢迎使用**社交故事** 10.2 教程！本章会介绍如何根据目前的 10.2 标准来写好**社交故事**。你将学习基本写作方法以便你能为你照顾的人写出合适的**社交故事**。正如你们所知，这本书里的**故事**是为孤独症谱系障碍的学生而写。这些**故事**对你也会有帮助。在阅读和完成每一个教程的时候，你会发现我经常参考这些**故事**。

社交故事根据十条定义标准来描述某一情景、某项技巧或者某个概念。这些标准确保了**故事**围绕以下几点展开：故事整体上的耐心和支持的特点、某种格式、叙述人称，以及相关的内容（这些内容具有描述性且有意义，对**听众**来说在身体、社交和情感上都是安全的）。这些标准决定了什么样的**故事**才是**社交故事**，以及研究、写作和给故事配图的过程。

在本章中，这套标准分解成十个教程。请按照顺序来学习。每一个教程都是以简洁的定义开始。紧跟着的是简短的讨论、练习活动和答案，然后是结束语。每个练习活动的后面紧跟着的是对答案的解析。因此，请先完成每部分的练习活动，再接着读下去。同样重要的是，要认真阅读每一个教程的结束语。它们并不仅是小结，更是最后的叮咛。有时这一部分会包含之前没有提到的信息，或者提供更多的练习活动。总而言之，没必要一次完成所有的教程。实际上，最好是每晚完成一个教程并稍微延伸一下。

为了方便记忆，我给每个教程都加了标题。这样一来，**社交故事**的**作者**就不需要在每次写作时翻看书本来寻找参考。

10.2 标准如下：

1. 一个目标
2. 两步走的发现
3. 三个部分和一个标题
4. 编排格式
5. 确定叙述人称和词汇的五要素
6. 六个引导故事发展的问题
7. 七是句型
8. GR-8 公式
9. 到九就是我的
10. 十条应用指南

在完成每个教程后，试着凭记忆列出该教程所对应的标准的标题。我偶尔也会提醒你们这样做。到你学完所有教程的时候，我坚信这十条标准就都在你脑子里了。

在这一章里，十个标准按一系列的教程来分别讨论。请按顺序学习。每个子教程开始时，都会列出该标准的定义，然后依次是讨论、练习活动及答案、结束语。在练习活动后，紧跟着就讨论答案。因此，请先完成每个练习再继续阅读。每个子教程的结束语也非常重要，请认真阅读。这些结束语并不都是简单的总结，还会有最后要注意的事。举个例子，子教程的结束语可能会包含前文未提及的信息，或者指导你完成额外的练习活动。最后，不必一次学完全部子教程。实际上，最好拉长学习时间，每晚完成一个子教程就很好。

在你按照 10.2 教程学习创作**社交故事**时，放轻松、享受其中的欢乐。

社交故事术语表

首先，要建立**社交故事**基本术语表。这一点很重要。因为这样的话，**作者**（也就是你们）可以专注于手头的工作，有效节省时间。

- **作者**：**作者**就是你，研究并写出**社交故事**的人。**作者**还可以是其他人，或者是家长与专业人士组成的团队。**作者**要坚持遵循这十条标准。因为这十条标准定义了每个**社交故事**，以及创作的过程。作为**作者**，他们必须具备专业技能，因而**作者**两个字要改成黑体。

- **听众**：**作者**为某一特定的**听众**写故事。多数情况下，是孤独症谱系障碍儿童、青少年，或者成人。每个**社交故事**的写作都要考虑到**听众**的个体因素。这些因素包括但不限于：**听众**的年龄、性别、能力、个性、喜好以及/或者兴趣。当和**社交故事**相对应使用的时候，**听众**两个字都要改成黑体。

- **社交故事**：**社交故事**的定义见本介绍的第二段。黑体的**社交故事**指符合十条标准规定的**社交故事**。这就使得黑体的**社交故事**有别于非黑体的社交故事。这些非黑体的社交故事可能达不到十条标准的要求。本教程中这个术语是指**社交故事**或者**社交文章**。**社交文章**是**社交故事**的高级版。它们往往是写给那些年龄大些，或者年级高些的学生。**社交文章**和**社交故事**一样要遵循十条标准。

- **故事**：黑体的**故事**就是指**社交故事**，而且是符合目前十条标准要求的**社交故事**。其实，它只是上面提到的**社交故事**的简写形式。同理，黑体的**故事**有别于非黑体的故事，因为非黑体的故事可能没有达到十条标准的要求。

- **团队**：**团队**包括父母和专业人士，他们都是为了某个孤独症谱系障碍人士而一起工作。由于这个组合的特殊属性，以及他们遇到并解决的问题的独特性，**团队**两个字要改成黑体。

练习活动

可能你对写**社交故事**已经有一定经验了。也许，你读过、写过、听说过，或者看到过，甚至是有过和**社交故事**共处一室的经验了。我编写了一个简短的练习来给你们完成。这是**社交故事**吗？请完成下面的活动后再继续读下去。

介绍　练习活动：这是社交故事吗？

说明：阅读下面的故事。这是**社交故事**吗？　□ 是　　□ 不是

很多人都写**社交故事**。可能你也想学习如何写**社交故事**。这样你就可以给自己班上的学生写**故事**了。同时，你也会从中得到乐趣！

你可以通过本章中的教程来了解十条标准，就是这十条标准把**社交故事**和其他可视性策略区别开。按自己的节奏研读每个教程。祝学习愉快！

答案：这不是一个**社交故事**。这个故事里面有偏离了十条标准的错误。下面是其中三个：

- 每个**社交故事**都有一个体现主题的标题。此外，**社交故事**的故事结构完整，有开头、发展以及结尾。这个故事没有标题，而且它的开头、发展以及结尾的描写都不清晰。

- **社交故事**以第一人称以及／或者第三人称叙述故事。不容许第二人称叙述，或者使用"你"的句子。这个故事里面有好几个使用第二人称的句子。

- **社交故事**要准确而不能臆想。因此，诸如"同时，你也会从中得到乐趣！"这样的句子是不会出现在**社交故事**中的。这句话是对听众体验的想象，这种猜测并不一定正确。

这些都是常见的错误。在我的工作中，我读过好几篇偏离或者完全忽视标准的所谓"**社交故事**"。**社交故事**这个术语常常被人随意使用，来指任何写给孤独症谱系障碍人士的东西。结果是，这些谬误百出的故事最终威胁到了这一重要指导工具的品质和安全性。

为了能"感受"这种写作方法，从本书中随便选几个**故事**试一试。你读这些故事的时候，注意一下它们的标题，故事的开头、发展以及结束；这些故事没有用第二人称句子，并且整体上给人一种沉着冷静、不急不躁的特点。本书中的**故事**同时还有其他的共同特点。在下面十个教程中我们将一一讨论。

结束语

我本人非常感谢大家花时间来进一步了解**社交故事**。你们的这种做法有助于我们保护这种非常重要的教育干预手段的品质和完整性。我真诚地感谢你们的努力。作为回报，在你们研究**社交故事**艺术和写作**社交故事**的过程中，我会尽我所能来支持你们。

标准 1　一个目标

定义

社交故事的目标是通过某种过程、格式、人称以及内容来分享准确的信息。这些内容对**听众**来说是描述性的、有意义的，而且在身体、社交以及情感方面都是安全的。

练习活动

不同于其他的教程,这个教程一开始就是练习活动。先完成练习,然后阅读答案以及教程的其他部分。

> **标准 1　练习活动:一个目标**
>
> 说明:再读一遍本教程开始的定义。然后回答下面的问题:
>
> **社交故事**的目标是要**听众**去做**作者**或者**团队**想要他/她去做的事情吗?请选择:□是　　□否

答案:最普遍的误解就是**社交故事**的目标是改变**听众**的行为。**社交故事**的目标绝不是改变**听众**的行为,**社交故事**的目标是安全而准确地分享有意义的信息。不可否认,对一个具体的概念、技能,或者场合的关注往往起源于某一行为。然而,如果我们的目标仅仅是改变行为,那么我们可能要专注于"告诉孩子做什么"。事实上,**听众**可能早已听多了要做什么。与此相反,我们的焦点是放在困扰或者错误信息的深层原因上。**作者**要努力明确什么样的信息能带来更加有效的回应,从而分享信息。**听众**行为能力的提高常常被归功于**社交故事**;但我的看法是,这是他们对事件、期望的理解能力提高的结果。

讨论

无论主题是什么,每个**社交故事**都要对它的**听众**表现出尊重。读一读书中题为"人们为什么要泡澡或淋浴"(P252)的**故事**。很多父母和专业人士发现很难向他们照顾的儿童、青少年甚至成人解释清楚个人卫生的重要性,这个**故事**就是针对这个主题,它的措辞非常谨慎。**作者**使用第三人称的句式讲述了洗澡的重要性,而没有对**听众**做出任何指责。同时,**故事**中的历史事件加入了一点幽默，这使其内容听起来好玩而有趣。书中的其他**故事**也运用了相似的策略，这都是为了分享信息；而这种信息的分享要准确、郑重、有明确目的而又能确保**听众**安全。

一个**故事**在身体、社交以及情感方面的安全性是作者首先要考虑的要素。从身体安全的角度来说，想想下面这个例子。某位妈妈给她的儿子哈里森写了一个故事，这个故事讲的是在海边游泳的事情。她在故事中加了一张哈里森在水中的照片。照片里只有他一个人。拍照的时候，孩子的爸爸其实就在孩子身边，只是他没出现在取景器中。但在哈里森的眼里和心里，这张照片从表面看来就是他可以独自一个人游泳。下文中我们会深入讨论，**社交故事**的**作者**要努力写出真正准确的文本并使用准确的插图。这样做才能得到一个准确且清晰的故事。正如在这个哈里森游泳的故事中体现出来的一样，表达的准确性对他的实际人身安全同样重要。

社交安全性也同样重要。巴恩斯夫人是一位一年级教师，她给 6 岁的亚当写了个故事。她在故事中这样描写她的班级："在这里我们都是朋友，朋友之间要合作。"亚当读了这个故事。课间休息时，他班级里的两个"朋友"走过来，要求他把裤子脱下来。根据从故事中学到的信息，他想这两个同学是朋友，而朋友之间需要合作，于是亚当听从了他们的要求。当那两个孩子笑着转过身跑开时，亚当十分不解。亚当的故事不准确，同一个班级的同学并不一定都是朋友。巴恩斯夫人写的并不是**社交故事**。尽管用心是好的，但是她的故事缺乏社交安全性。

根据我的经验，**作者**最常犯的错误就是写下那些会威胁到情感安全的句子。这里有一些取自故事档案中的例子："我经常打断别人。""有时候，我会打其他孩子。"以及"别人和我说话的时候，我常常不听。这很不礼貌。"在学习第五条标准的时候，我们将更详细地讨论，在**社交故事**中不容许用自我贬低的句子，也不能用对**听众**有负面影射的句子。这样做既不能给**听众**提供其他的回应方式，又没能说明其中的道理，还会直接威胁到他们的自信。另外，使用

听众的口吻，即以第一人称句式来讲述错误的行为会导致与使用自我贬低的句子一样的负效应。而且，这样做同时也是对**听众**的一种不尊重。

结束语

支撑每个**社交故事**的目标是其他标准的基石。第二条、第三条以及第四条标准针对的是**故事**的研究、写作以及运用的过程，以确保**故事**有坚实的内容、结构以及有意义的格式。每个**故事**的叙述方式由第五条标准来定义，从而保证了故事的冷静平和且令人感到安心的语调特点。每个**社交故事**的描述性特点是第六条、第七条以及第八条这三条标准的关注点。立意在**社交故事**中极其重要，第九条标准就是通过**听众**的参与来达到这一目标。最后，第十条标准确保每个**故事**都是经过认真研究才写出来的，而这个写作过程在最后运用故事的时候能反映出来。在教程剩下的部分，我们会更加详细地讨论每个标准。

标准 2　两步走的发现

定义

作者在收集相关信息的时候，要记着目标：1）提高**听众**对相关场合、技能，或者概念的理解；2）明确**故事**中要分享的信息的具体主题和类型。

讨论

社交故事应该是值得**听众**信赖的。为了达到这个目标，**作者**需要完成以下两个步骤：首先，他们要收集准确的资料。（有时候，在收集资料的过程中，**作者**找到了解决问题的方法，那么就不需要写**社交故事**了。）其次，他们需要明确**故事**中待分享的信息的主题和类型。

不幸的是，这条标准经常被忽略掉。很多**作者**没能认识到一个没用的故事和一个有的放矢的**社交故事**之间的不同。此外，在这十条标准中，这一条是"多米诺骨牌的第一张"，它直接影响了**故事**创作初期的质量。这对后面的标准有直接的影响。

资料收集

社交故事最初的基础理论认为，孤独症谱系障碍儿童或者成人对社交情境的理解往往有别于普通人。这一点已被越来越多的一手数据和研究所证实。这就要求**作者**必须"抛掉所有的假设"，切实考量**听众**的学习风格、能力、兴趣、困难以及这些因素对他们的社交理解的总体影响。换句话说，**作者**要试着从听众的角度来想，一件事可能看起来如何，他们的感受如何，他们的嗅觉以及听觉会有如何的反应，他们如何理解一个概念。

先收集资料，然后确认具体的主题，这一点很重要。草率确定主题会威胁到**故事**，会过早地限制写作**故事**的过程中资料的收集。相反，**作者**应该以某一广义的情景场合或者主题区域为目标，开始收集资料，然后，找到具体的主题，以及**故事**的焦点。把这个顺序排对了——首先收集资料，然后确定具体主题或者标题——能给**作者**节省时间，并避免给**听众**带来困扰。

获取资料有很多途径。当然，有时一些途径比其他途径更有用。务必要咨询那些了解**听众**的人，和/或那些有类似经验的人。无须考虑主题或环境情况，**作者**在创作故事前，必须要先询问家长或抚养人。尽管家长及抚养人没有什么专业技能，却长期和**听众**在一起，有着无数不同经历。至少他们比其他人更了解**听众**，能注意到其他人忽视的小细节。有了他们的帮助，**故事**能够更有针对性。

观察也是获取资料的重要途径。至少两类观察是必须的。其一，以第三者的身份暗中观察，收集相关资料，这些资料要有能够定义某个场合或者概念的线索。其二，将**作者**（"我"）放在行动的中心，从**听众**的角度、认知、性格及过往经历来考虑场合或概念。

除了咨询**团队**和观察，获取资料还有很多其他途径。比如，**作者**可以通过记录客观数据，来理解**听众**令人费解的回应。也可以通过网络获取有帮助的资料。在我的办公室，我有一套适合不同年龄、不同能力的字典，一共 15 本。我不需要再花时间摸索正确的字眼，或是摸索该如何向我的**听众**描述某个术语的含义。在我定义主题，以及撰写故事的整个过程中，它们给了我无法估量的帮助。

确定一个具体的主题

在收集资料的过程中，主题通常就已经被发现了。这称为发现主题，而且这比**作者**的最佳猜测还要好。发现了主题，**听众**的困惑、误解或挑战的根源也就变清晰了，这时具体的主题显而易见。相较之下，最佳猜测主题——基于收集的资料——只是碰运气的推断。举个例子，安德鲁是克拉克老师一年级班上的学生，他数学学得很吃力，举手寻求帮助的事他只做过一次。作为他的辅导老师，我很好奇为什么安德鲁不再举手问问题了。我决定和安德鲁来画一幅画以便了解更多的情况。我们画了一幅画，来描绘他举手时发生了什么。画画的时候，安德鲁说："我再也不举手了。我的老师对数学一窍不通。"我问他为什么这样想。他说："是这样的，我举起手，克拉克老师走到我身边说，'好，安德鲁。第一个数字是什么？'格雷老师，她连数字都搞不清楚！"至此，**故事**的主题明确了。我写下了两个**故事**。一个描述他的老师都会些什么。这个里面插入了老师的文凭复印件以及她已经改完的一年级数学作业。第二个**故事**解释了为什么老师们都知道答案了，还要问。读完这两个故事，安德鲁又开始在课堂举手了。基于我的经验，老实说，发现的主题绝对是最好的主题！它们给**作者**指出了具体的努力方向，并且，由此写成的**故事**往往能产生立竿见影的积极效果。

关于主题这个话题还有最后重要的一点：50%的**社交故事**一定是表扬听众做得好的事情的。本书中"穿过人群时要说'借过'"（P142）就是一个例子。这其中的道理很简单。既然**社交故事**在教授新的概念和技能时很有用，那么在给表扬增加点儿意义和细节上，它们也一定同样有用，这无疑是建立自信的好方法！这十个标准，包括收集资料的要求在内，适用于其他**故事**，同样也适用于表扬的**故事**。如果**作者**只写富有挑战的场合、概念或技能的故事，他们就忽视了一个很重要而且不可或缺的写作要素。他们就不是在写**社交故事**。

练习活动

> **标准2 练习活动：两步走的发现**
>
> 说明：阅读以下三段话。它们是**正确的（T）**还是**错误的（F）**？
>
> 1. 一个**故事**的主题就像一个缝纫图样。写社交故事时要从主题开始。
>
>   T　F
>
> 2. 有一些社交故事主题是被发现的；而另一些则是**作者**的"最佳猜测"。
>
>   T　F
>
> 3. 在为**社交故事**收集资料时，**作者**可能会发现其他解决方案，而不再需要**故事**了。
>
>   T　F

答案：两步走的发现强调仔细收集有效资料的重要性，收集完资料之后才能确定主题，因此第一句话是**错误的**。第二句话是**正确的**。虽然，我们希望每一次都能发现**故事**的最佳主题，但常常**作者**还会坐下来，回顾收集的资料，并做出最佳猜测。最后一句话是**正确的**。**作者**可能会同时发现问题的本质及相应的解决方法。就不需要**故事**了。

结束语

与**社交故事**的其他标准相比，标准 2 较新。它是在十周年增订纪念版中才提出的，这一版在对最初的**社交故事标准（社交故事 10.0）**修订与重组时，将创作和应用每个**故事**文档的过程写了进来。短短几年里，它便名声大噪。因为它是常被遗忘或做错的重要的第一步。在每次的**社交故事 10.2** 工作坊中，都会用这样一句话巧妙地总结标准 2 的角色与贡献：把这儿搞对了，**故事**差不多就出来了。

标准 3　三个部分和一个标题

定义

社交故事要有一个标题，还要有主题明确的开头、注入细节的正文以及强调并总结信息的结尾。

讨论

和所有优秀的故事一样，**社交故事**也需要好的结构和布局。每个**故事**都有一个标题、开头、正文以及结尾。认识到**社交故事**的目的，以及其**听众**的独特之处，这些"基本要素"就显得越来越重要。从本书中选取两三个**故事**来读一读，注意每个**故事**中的这几个重要的组成部分。

写故事的时候心里想着开头、正文以及结尾，这能帮助**作者**有效地明确

（开头）、描写（正文），并且强化（结尾）**社交故事**中最重要的概念。开头包括一个清晰的主题句。例如，"假如我弄丢了玩具，有人能帮我。"有时候，**作者**可能先用一句话来吸引**听众**的注意力，然后再介绍主题，比如，"我的名字叫杰里米。"开头的介绍之后紧跟着是正文。正文加入进一步的描写或者解释。使用的句子，如："爸爸或者妈妈知道怎么找到我的玩具。我们会想一想，试着找一找。"结尾又把**听众**带回到开头的概念、场合或者成就等用以开始**故事**的因素。它重申初衷，却又加入了额外的信息，"大家可以帮我找玩具。"无论复杂与否，长短如何，开头、正文和结尾一起引导了**社交故事**的发展。

标题、开头、正文以及结尾所构成的结构不仅可以帮**听众**理清思路，还能为**听众**提供清晰的信息。对于普通孩子而言，先知道了故事是讲什么的（标题和开头）就给他/她提供了一个框架来了解接下来的细节（正文）安排。当一个故事接近尾声的时候，重要的细节——得以加强。对于**社交故事**来说，也是同一个道理。但这其中有一点不同。**社交故事**的听众与生俱来的特质就是难以概念化内容，不会排序，不能理解故事的要点，或者说，看不到全部，从而也就难以将信息运用到自己的经验中。因此结构清晰对每个**故事**而言就更加重要了。

练习活动

> **标准3　练习活动：三个部分和一个标题**
>
> 说明：想一想第三个标准，完成下面的句子：
>
> 一个**社交故事**最少要有_____个句子。

答案：为了保证开头、正文和结尾清晰而有意义，**社交故事**最少也要有三句话。当然，这不包括标题。

结束语

在我们进一步学习之前，先停一停。请试着背出前三条标准。是的，在继续阅读之前，现在就背。这三条标准是：**一个目标，两步走的发现，三个部分和一个标题**。到目前为止，我们已经讨论过**目标**，并且探索了第二条标准**两步走的发现**到底意味着什么。我们也谈了基本故事结构，讨论了为什么每个**社交故事**要有三个部分和一个标题。**编排格式**就是下一个标准。

标准 4　编排格式

定义

社交故事有一定的编排格式。这种格式能够明确内容，并且为**听众**加强意义。

讨论

在**社交故事**中，术语"格式"指内容和插图的个性化、编排和表现手法。使**故事**内容和插图能够满足**听众**需求的方法有好几种，但都需要考虑以下几个个性化的因素：**故事**的长度、句子结构、词汇、字体/字号，以及文本和插图的布局。所有的**社交故事**的艺术和科学在于要选择对**听众**来说最具意义的格式要素。换言之，格式的运用来源于对**听众**的了解，反过来，格式也能帮助**听众**理解**故事**。

年龄和能力

听众的年龄和能力是考量格式的重心。对年龄小些的孩子而言，阅读一页或整个**故事**所需的时间一定要短！一般来说，写给幼儿的**社交故事**只需要3~12个短句（建议省略逗号，把一句拆成两句或者更多短句）。这相当于他们日常的其他游戏或活动的时长。写**短故事**难度最大。在保证故事简短的同时，又要全面涵盖话题，这往往让人纠结。好的解决办法就是，先"写下所有想到的东西"，再将内容编辑到想要的长度。有时候，很难在一个**故事**中涵盖话题的方方面面。那么，为了满足选题的需要，同时保证孩子可以集中注意力，信息就可以分解成两个或者多个更短的**故事**。这种格式被称作**社交故事套装**，即在限制了每个**故事**的长度的同时，还保证了每个**故事**都包含了重要的细节和相关联的概念。

较长的**故事**往往更适合年龄大些或者能力更强的**听众**。这些**故事**包含12个或者更多的句子，甚至可以达到**社交文章**的长度。随着年龄的增长和能力的增强，话题也越来越复杂，因而花更多的时间来详细阐述**故事**的细节将不可避免，我们鼓励大家自由发挥！在这种情况下，就不必遵守"不多于25个词"的要求了，全面涵盖话题更为重要。

重复、节奏和韵律

重复、节奏和韵律可能正符合对常规和可预测性依赖严重的**听众**的特点。这些因素能抓住他们的注意力，同时又能将似曾相识的感觉注入一个新的或者不同的话题中。因此，许多**社交故事**都采用有节奏的重复性句子："在操场上，我可以荡秋千，我可以滑滑梯，我可以玩单杠，或者我可以玩其他的东西。"尽管韵律的作用很重要，它在**故事**的发展过程中往往会被忽略掉。韵律不一定要在**故事**中通篇使用才能达到效果，可以利用韵律来强调某个观点，比如："觉得生气了没关系。重要的是怎么说，怎么做。"虽然在**故事**中加入重复、韵律和节奏等能起到积极作用，但是更要考虑**听众**的喜好。有些**听众**可能觉得这些因素"幼稚"，甚至觉得这是对他们的侮辱。这就引出另外一条重要的规则：绝对不要冒可能侮辱**听众**的风险。

天赋和兴趣

作为读者，我们会选择符合我们兴趣和能力的读物。很少有人想去阅读非常晦涩难懂的东西。那很无趣，也会让人备感挫折……能让我们睡着。**作者**一定要记住，"社交"是最常见的主题，而这对**听众**而言却是非常困难的。因此，若想增强一个**故事**的效果，**作者**就要尽其所能，使内容欢乐、有趣。

其他很多标准都是要保证内容个性化，从而符合**听众**需求和能力。标准4是在形成**故事**内容、文字、配图和格式时，将**听众**的经历、重要关系、兴趣和爱好考虑在内，使故事个性化。同时包含反映（甚至在某些情况下展示）**故事**内容的高度创造性要素。这些能够增强**听众**对**故事**的热情，同时增进其对概念和信息的理解与掌握。包含这些要点，还能提高对概念和技能泛化的可能性。

考虑**听众**的天赋和兴趣，往往能写出令人难忘的"博物馆级"的好**故事**。一位老祖母将一个关于爱的意义的**故事**绣在了孙子的被子上。一位母亲将一个关于买鞋的**故事**，连同孩子将要试穿的盒子里的这双鞋的照片，贴在了鞋盒上（照片是在商店经理的许可下，母亲提前用数码相机拍好的）。把一个个**故事**放在有趣的信封里，再盖上不同的邮戳，寄给一个喜爱美国邮政系统的孩子。一位老师把每个**故事**都剪成有代表性的形状，比如关于午餐的**故事**就被剪成了午餐饭盒的形状。由于对全班同学的行为感到困扰，一位音乐老师写了一个明确规矩的**故事**，并把它编成歌，在每节课开始时播放。希望这些创意能够给你一些启发，让你也能写出既有趣又有意义的**社交故事**。

就创新而言，认真考虑是准则。慎用创新；永远都不能为了一个过犹不及的想法而牺牲掉**故事**的立意或安全性。有些看似有趣、可爱的想法，却可能让某一特定的**听众**感到很困惑，甚至害怕。想一想**听众**会怎么看待或理解这个想法。如果有风险，就不要使用。

从积极的角度看，谨慎的创新不会使**故事**迷惑**听众**，反而能促进学习。在创新与谨慎的平衡下，标准 4 正是一个**听众**读完就丢掉的**社交故事**和一个让人爱不释手的**社交故事**之间的差别所在。

插图

插图在很多**社交故事**中起到很关键的作用。就我们在此书中目的而言，插图是指运用视觉艺术增进**听众**对文字内容的理解。插图包括但不仅限于：实物、照片、录像、绘画、PPT、数字和图表。插图最好的用处，就是它们能突出并且概括信息，吸引人的兴致，从而提高**听众**的理解。

作者对待插图要像对待文本内容一样小心。要注意避免任何有可能引起**听众**误解、给他们造成困扰的情况。如果一位**听众**对句子和词汇总是做出字面理解，那他/她对插图也很可能做出同样的理解。例如，托马斯有一个上厕所的**故事**。**故事**里包含了很多抢眼的色彩和细节。插图中的男孩穿着一件蜡黄色的 T 恤和一条蓝色的裤子，另外，图里的卫生间有两个对称的小窗户。托马斯于是得出一个结论：要是他哪天穿着黄色 T 恤，进到一个有两扇小窗户的卫生间里的话，他就可能被要求便便。你能想象当他被要求在一个没有这些要素的卫生间里便便的时候他得有多难受！当然并不是所有的**听众**都有托马斯一样的问题。但是，对托马斯来说，将色彩的使用降到最少，或者减少插图中的大量细节，都能降低他产生误解的可能。

社交故事中往往用照片作为插图。照片的好处是：1）准确；2）能传达图画所不能表达的意思；3）使用起来简单、快速，特别是对数码相机来说。然而，照片也许太过于精确，以至于**听众**可能会去关注无关的细节，而得出一些毫无意义的结论。主题清晰、背景简单的照片效果最好。因此黑白照片可能比彩色照片效果更好，因为照片里突出了有趣的主题而将无关的干扰因素（例如色彩）降到了最低。除此之外，把照片中的要点圈起来能帮助**听众**把注意力集中在插图中最主要的部分。

社交故事中插图的选择取决于几个因素。和选择合适的文本内容一样，选取插图要符合孩子的能力和兴趣。这一点和选择文本内容同等重要。例如：

1. **听众**是否具备正确使用这种插图的先决条件？
2. **听众**能不能理解一幅简单绘画所代表的意义？
3. 图表和内容是否匹配？**听众**能不能理解其含义？
4. **听众**之前有没有对这类插图表现出兴趣？
5. 这类插图是否曾吸引孩子的注意力？
6. 两种或者更多种插图形式组合使用对**听众**的效果会不会更好？

多考虑几种插图选择，同时考虑到上面的这些问题有助于**作者**选取符合**听众**学习特点的插图形式。

练习活动

> **标准4　练习活动：编排格式**
>
> 为你认识的一个人，从本书中选一个**故事**。在本条标准讨论部分所列的个性化要素的指导下（年龄和能力；重复、节奏和韵律；天赋和兴趣；插图），列出为你的**听众**剪裁文字和插图的想法。

结束语

假如说**社交故事**的十个标准是美国的话，那么标准4就是阿拉斯加州[①]。标准4很大，有很多可能的格式和变化以及无数的不同方法。**作者**能用这些来提高和**听众**沟通的效率。当**作者**把一个新主题用有意义的形式编排出来的时候，他们会发现尽管要求是要紧跟十个标准，但是**社交故事**的写作有无数的可能性。最好的**作者**能理解这个要点，并且能透过他们写的每个**故事**不断地挖掘这种可能性。

[①] 编注：阿拉斯加州（Alaska）是美国面积最大的州。

标准 5　确定叙述人称和词汇的五要素

定义

社交故事使用的叙述人称和词汇要有一种冷静平和、富有支持力的特点。有五个要素来定义这一特点。它们是：

1. 以第一人称或者第三人称为视角
2. 正面且平和的语调
3. 有关过去、现在以及/或者将来时间的表述
4. 字面表达的准确性
5. 准确的词汇

讨论

在上一个教程中，标准 4 专门讨论了如何为**听众**量身定写**故事**，其中包括文本和插图的编排。标准 5 是对标准 4 的补充，它列出了和**故事**叙述人称及词汇相关的另外五个要素。正是由于这五个要素的限制，**社交故事**才具备了不同于其他故事，也不同于其他类似视觉策略的品质特点。它具有一种独特的冷静平和且使人安心的特点。

1. 以第一人称或者第三人称为视角

选择有效的视角来分享**社交故事**中的信息，这一点很重要，而且也是写**故事**前的首要任务。有几个因素会影响到这个决定并且最终决定**故事**的叙述人称。

很多**社交故事**都是以第一人称的口吻写成，就好像是**听众**自己在描述场合、事件或者概念。这就是从有利于**听众**的角度呈现信息。这样做增强了**作者**

的责任感。请特别注意，切勿随意就把东西强加在**听众**身上，尤其是那些对于**听众**来说毫无经验的事情更要小心。鉴于此，诸如"我会喜欢课间休息。"这类的话就是先入为主，非常不准确，因此并不适用于**社交故事**。哪怕是一个以第一人称写成的**故事**，它也可能会包含以第一和第三人称为视角的句子。

我们也可以从第三人称的角度来写**社交故事**，写出来的**社交故事**有点像报纸上的文章。那些被称作**社交文章**的**故事**可能就借用了报纸文章的一些格式，如使用冒号、复杂的词语，以及/或者宋体字来减少在文本中任何可能给人感觉"孩子气"或者侮辱性的东西。**社交文章**往往是为年龄较大，或者能力较强的**听众**而写。

2. 正面且平和的语调

社交故事要使用正面的语言。尤其是对特定情境下的常规或期望出现的行为的描写，更应使用正面语言。孤独症谱系障碍人士可能比同龄人受到更多的挑战、更多的指正，以及更多的指导。通过清晰地描写期望出现的回应以及这种回应背后的道理，**作者**实际上就为在特定场合中该做什么提供了建议。

社交故事要保护**听众**的自尊安全。例如，像"我听老师讲话有困难。"或者"有时候我生气了，就打人。"这样的句子，并不能提供什么有用的信息。**作者**绝不能用第一人称描述**听众**的负面表现。相反，**作者**对特定的负面行为的描述应是泛指，不能将矛头指向听众。除此之外，有关如何做出更加有效回应的信息也应包含在**社交故事**中。例如，**作者**可能会写道："任何孩子都有打断别人说话的情况。通过练习，他们能学会什么时候开口说话，什么时候认真聆听。"这个句子就是在用正面语调讲一个负面的话题。它在传递社交信息的同时，还有助于建立并保持**听众**的自尊心。

3. 过去、现在，和/或将来时

人们喜欢借鉴他们过去的经验来完成当下的任务、预估可能的结果，并解决问题。描述人生经历之间联系的**社交故事**，给这个主题增加了立体意义。第一章中故事2"通过故事学习"讲述了**听众**的三段经历。其中一段是："有一次，我妈妈教我怎么系鞋带。她就给我讲了她的爷爷是怎么教她系鞋带的。我试了他的方法，经过练习，我学会了怎么系鞋带。"即使是最简单的故事，也能指出有关事件之间的联系。强调关联至关重要，关联不仅有助于学习，还能指导日常生活。

4. 字面表达的准确性

作者选择词汇、短语和句子要准确，哪怕就是字面意思也要准确。很多孤独症谱系障碍人士对短语和句子只做字面的理解，而不能解读出需要社会洞察力才能看出来的隐含意思。因此，**社交故事**要尽可能使用最清楚无误的语言，想要表达的意思和写出来的意思之间不能有歧义。如果一个词或者短语从字面上解释与文中所表达的意思不同，那么这个词或者短语就不能用。在文字准确性这个要求上，唯一例外的是和暗喻以及类比相关的语言。如果它们对特定的**听众**有意义，那么，在**社交故事**中就可以使用暗喻和类比，但要确保**社交故事**能准确清晰地描述它的主题。

5. 准确的词汇

作者要尽可能使用最准确、最能表达意思的词汇。在**社交故事**中，准确的词汇是指最能有效表达**作者**想要表达的意思的那些词汇。有两点需要考虑。第一，使用正面语言。正面意义的动词要比负面动词好。例如：与其说"我会试着不在走廊里跑"，不如说"我会试着在走廊里好好走"。第二，注意动词的不同内涵。想想看这两个句子之间的区别："爸爸会在商店里弄到牛奶。"和"爸爸会在商店里买牛奶。"弄到牛奶的人可能是用偷的方法。我们可是希望牛奶是爸爸买来的！

对某些特殊的词语，**听众**可能会表现出强烈的情绪反应。比如，像"变化""新的"或者"不同的"这样的词汇可能会和负面情景联系在一起。这就使得**听众**在听到这些词的时候感觉不舒服或者不安。改用其他词语有助于将**听众**的注意力从这种感觉上转移,从而专心于当前的话题。比如,不用"新的",而改用"另外一个"。尽管可以采用改用其他词语的方法,但并不是所有**听众**都需要这样做。

练习活动

标准 5 包括以下几个写作时需要考虑的事情:

1. 只用第一人称以及第三人称的句子(去掉所有第二人称的句子)。
2. 无论主题是什么,整体上要保持一种正面且平和的语调。
3. 为了增强意义、建立自尊,并且/或者促进泛化,须考虑到现在信息、过去经历以及将来提示所具有的潜在价值。
4. 用词精准,表义清晰。
5. 选择对**听众**来说最准确、最舒服的词汇。

为了完成下面的练习活动,要将上述所有要素都考虑进来,然后判断在**社交故事**中,哪些句子可以用,哪些句子绝对不能用。

标准 5　练习活动:确定叙述人称和词汇的五要素

说明:下面的句子哪个可以用在**社交故事**中?能用的写 Y,不能用的写 N。

1. _____ 我不应该在房子里乱跑。

2. _____ 我会把颜料涂在纸上。

3. _____ 休息的时候,你会很高兴。

4. _____ 兽医知道很多有关猫、狗和其他动物的知识。

5. _____ 因为我们的计划都还没影儿呢,所以,我们没时间讨论具体行程。

答案：这里只有一个句子可以用在**社交故事**中，就是第四个句子。其他的句子都是**社交故事**不能用的。每句话的修改意见如下：

1. 多数时候，在房子里要好好走。这一点很重要。
2. 我会试着把颜料涂在纸上。
3. 休息的时候，我可以选择做什么。我可以荡秋千，我可以踢球，或者我可以决定玩其他的游戏。
4. 删除。
5. 等到爸爸知道他今年的年假时间以后，我们一家人就会安排去加利福尼亚旅行。

结束语

到这里教程就进行到一半了。花点时间来回想一下前五个标准的标题。另外，随便选几个**故事**读一读，特别注意前五个标准在**故事**中的运用，以及他们之间的交叉使用。

标准6 六个引导故事发展的问题

定义

社交故事回答以"wh"开头的问题：背景描写（where），与时间相关的信息（when），相关的人（who），重要的提示（what），基本的活动、行为或者说明（how），以及这些内容背后的原因和/或理论（why）。

讨论

在写**社交故事**的时候，需要关于特定话题（情景、互动、概念，或者技巧）的基本信息。当然，大量的细节信息也不可少！上面的六个以"wh"开头的问题（何人、何事、何时、何地、为什么，以及怎么样）就能起到框架的作用。接下来，就要考虑到那些"显而易见"的细节。**听众**可能漏掉的启示、概念有哪些？这往往也是对最后一个问题"为什么"的回答。虽然并不需要回答所有以"wh"开头的问题，但是在写作的时候，所有的这些都应该被看作**故事**的内容。

表面上看，参照这些以"wh"开头的问题来描写某个情景或者概念的基本特点看似简单。但偶尔，这却会是**作者**遇到的最大的挑战，尤其是最后那个"为什么"的问题。我早期为一名幼儿园学生写的**社交故事**描写的是学校里的排队问题。我坐在那里想了很久，为什么要孩子们排队站好，为什么排队前进这么重要。我甚至感到些许绝望，假如我想不到这么做的理由，那么写出来的**故事**怎么能支撑我要说的排队这件事呢？几个月后，假定理由变得愈发清晰。基本说来，排队是把孩子从学校一处转移到另一处最安全的方法。

多年来，我写过上千个**社交故事**，只有那一次我想不出为什么。这个**故事**是写孩子的幼儿园日常活动。我无法为周三的幼儿园活动找到合理解释：有八个大人出现，要去七个地方！我该写什么呢？"有时候，大人会给孩子们设计过多的活动。这个没关系。"实在是没法心安理得地为学校的日程安排改动写出什么东西。在回答以"wh"开头的问题的过程中，我要保证**故事**符合每条标准，表义要准确，内容要真实，我无法写一个"兜售"荒谬想法／计划的**故事**，于是我最终放弃了这个话题。

一个**故事**能很好地回答若干以"wh"开头的问题。比如，**故事**里一句简单的开篇句，就能回答几个以"wh"开头的问题：我家（何人）今天（何时）打算去（何事）海边（何地）。紧接下来的句子可以回答怎么去海边："我们会开车去海边。"或者，接一句为什么安排这次旅行的解释："很多家庭在海边玩得都很开心。"这样，这个**故事**就简简单单地明确了谁参与了活动，在什么地方以及什么时候发生，发生了什么，如何发生的，以及为什么。虽然并不是每个问题都能在**故事**里得到回答，但是，它们都是需要考虑的因素。

练习活动

> **标准 6　练习活动：六个引导故事发展的问题**
>
> 说明：阅读故事"今天缺勤？没关系"
>
> 哪些以"wh"开头的问题在这个故事中得到了回答？

答案：这个故事回答了好几个以"wh"开头的问题。其中有：

- 谁会缺勤？
- 对于缺勤我父母说了什么？
- 我什么时候要回学校？
- 生病的孩子需要去什么地方？
- 为什么学生有时候会缺勤？
- 我怎么拿到老师布置的作业？

你的答案可能稍有不同。这个没关系！正如早前提到的那样，**社交故事**中的一个句子就可能回答好几个问题。

结束语

感谢这些"wh"问题！它们能给死盯着电脑屏幕或者空白纸张的**作者**指出方向。当**作者**不知从何下手，不知如何开始写**故事**，或者不知道要写什么的时候，想想这些重要的"wh"问题，他们就可能从中得到启示。这些问题的答案为**听众**提供了**故事**的意义。

标准 7　七是句型

定义

社交故事由**描述句**（可能还有一个或多个指导句）构成。所有句子都应遵循**社交故事标准**。

讨论

描述句

让我们从**描述句**的定义开始：**描述句**在遵循**社交故事标准**的前提下，准确地描述情景的相关方面，包括外部和/或内部要素。它们不含假设、偏见、判断、贬低，和/或未经确认的观点。

描述句是可靠的信息传递者。**描述句**描述与主题相关的，可以观察得到的外部要素，包括那些不那么显而易见的要素（相关的想法、感受、文化期待等）。以下面的两个**描述句**为例，前一句描述可观察得到的信息，后一句则是在分享相关的文化价值：

人们在杂货店购买食物。购买健康的食物是明智的选择。

描述句通常描述或涉及另一个人（或一类人）的内部状态，包括但不限于知识、想法、感受、信仰、观点、动机、健康、疾病、个性。

下面这个**描述句**是关于杂货店收银员知道的事：

收银员知道如何帮助顾客为他们选购的货物付钱。

通过描述某一文化下的共同信仰、价值观或传统，**描述句**还可能会用于加深周边句的含义。来看看这个例句：

当我开车时，我会系好安全带。这对安全来说，非常、非常、非常重要。

第二句话就是在加深第一句话的含义。这时的**描述句**就是在强化周边句的含义或重要性。而第一句话则是**指导句**，我们下一个就来说它。

指导句

指导句的定义：**指导句**在遵循**社交故事标准**的前提下，通过描述有效的**团队**或**听众**回应，或**听众**的自我指导，温和地引导行为。

有三种类型的**指导句**。

1. 句子指导**听众**描述期待的或有效的回应或可能的选择，如：在我空闲时，我可能会画画、阅读，或是选择另一项安静的活动。

2. 句子指导**团队**给看护人提供建议或提醒，而这是一些他们能帮到**听众**的事。这有个例句：我的妈妈会告诉我怎么把餐具放入洗碗机里并启动洗碗机。

3. 有时候，听众会写他们自己的**指导句**。我们称之为**自我指导句**，**听众**和家长或看护人一起回顾**故事**时，可能会为**故事**写上一句自己的话。来看看这个例句：当老师说"眼睛和耳朵都到教室前面来"时，我会尽量记住这是在说，要听清老师在说什么、看清老师在做什么。**自我指导句**能帮助**听众**回忆起**故事**，并跨越时间、空间泛化**故事**内容。

练习活动

> **标准 7　练习活动：七是句型**
>
> 说明：下面的句子是哪种类型的？**描述句**（D）或**指导句**（C）。
>
> 1. 我们小组的很多学生对我们的项目有想法。_____
>
> 2. 我会尽量听取小组里其他人的想法。_____

3. 很多小朋友想排在第一个。_____

4. 当其他小朋友排在第一个时，我会尽量保持冷静。_____

5. 学习开车需要一定的练习。_____

答案：1. D　2. C　3. D　4. C　5. D

这里有三个**描述句**和两个**指导句**。"我们小组的很多学生对我们的项目有想法。"是在概括描述其他同学的想法。"我会尽量听取小组里其他人的想法。"**指导听众**。"很多小朋友想排在第一个。"描述幼儿的共同愿望。"当其他小朋友排在第一个时，我会尽量保持冷静。"也是一句指导**听众**的话。"学习开车需要一定的练习。"是关于人们学习开车的**描述句**。

结束语

能够识别**描述句**和**指导句**，并理解它们各自的作用至关重要。作为一项额外的练习，请从本书中选一个**故事**，每读一句，判断一句，看看该句是**描述句**还是**指导句**。或者选一个你自己的主题，为它写一个**描述句**。你也可以设计你自己的练习，当然不要受限于本条标准。自由发挥，设计你自己的课外练习吧。

标准 8　GR-8 公式

定义

一个公式能确保每个**社交故事**都是在描述而不是在指导。

讨论

社交故事公式是一个等式。它规定了**描述句**和**指导句**在一个**社交故事**中的比例。该**公式**能确保每个**故事**都将重点放在互动或者事件的描述上，以及事件背后的原因（如果用得上的话）。这个**公式**对**社交故事**中使用描述句未做限制。同时，这个**公式**却限制了**指导句**的数量（如下图）。

> **社交故事公式**
>
> $$\frac{\text{描述（故事中描述句的数量）}}{\text{指导（故事中指导句的数量）}} \geq 2$$

使用本**公式**时，**作者**要数一数每种句型有几个，然后用**描述句**的数量除以**指导句**的数量。作为合格的**社交故事**，该结果必须大于等于 2。没有**指导句**时，用"1"作除数。

这个算式的商可以作为**社交故事**的等级评定。描述性很强的**故事**的等级评定几乎等于**描述句**的数量。指导性较强的**故事**，使用了更多的**指导句**，其等级评定会接近但永远都不会低于 2。

练习活动

> **标准 8　练习活动：GR-8 公式**
>
> 说明：从本书中随机选出三个**故事**。在每个**故事**中，确认并数出**描述句**的数量。把这个数字作为**社交故事公式**中的被除数。再数一数**指导句**的数量，用它做除数。**描述**除以**指导**。对比结果。答案会有很多种，但结果总会大于等于二。

结束语

如果**社交故事**有心脏的话，那么**社交故事公式**就是它的心脏了。**社交故事**之所以区别于其他视觉策略，就在于它冷静平和而不自以为是，而这一点绝对得益于这个**公式**。这就是 GR-8 公式。它提醒**作者**要花时间来分享信息，包括那些人们往往自以为"每个人都知道"的信息。它为**社交故事**提供了各种保障，确保每个**社交故事**都是在描述而不是在指导。

标准 9 到九就是我的

定义

每个**社交故事**在达到**社交故事**的全部**标准**前，都会经过审读与修改。

讨论

对本标准的讨论异常地简短，与之形成鲜明对比的是它的重要性。努力确保**社交故事**清楚、有意义、有趣，要从调查和主题确定开始，并贯穿**故事**创作与编辑的每一步。**作者**会将**听众团队**作为资源，让他们来审读故事草稿并给出反馈意见。这样能早早地找出可以避免的错误，并在**故事**应用前，让所有人都了解**故事**进度。

练习活动

> **标准 9 练习活动：到九就是我的**
>
> 说明：从你个人的经历或工作中选出一个故事，用我们讨论过的这些标准来检查它。看它是否符合所有标准。换言之，到此为止（除指导应用的最后一条**标准**外），它算不算是一个**社交故事**？

结束语

标准 9 向那些认为创作**社交故事**既简单又轻松的人们传递了一个强烈的信号。和很多真正有价值的事一样，学写**社交故事**需要时间，要用心，还要练习。学会这项技能以后，写故事仍然需要花时间。永远都不要认为写**社交故事**是一种干预捷径，它同样需要时间和精力。停下来确定一下，手头的故事是不是"真正的文章"，这是一个故事成为**社交故事**的重要一步。

标准 10　十条应用指南

定义

十条应用指南是要确保指导**社交故事**发展的目标在最后的编辑和应用过程中也能得以体现。

描述和练习活动

标准 10 的焦点和其他九条标准的不一样。前九条标准规定的都是写作过程：从构思每个**故事**，到最后形成成品特点。最后这条标准则指导实际使用。然而，你们会注意到相似之处。因为所有的**社交故事**标准都植根于同一个理论并且由相同的原则来指引，从头至尾它们都未偏离**社交故事**的特点：冷静平和、令人安心、正面的，以及在身体、社交以及情感上的安全性。

我们将一边讨论第十条标准，一边练习。请选一篇**社交故事**，用它做练习。它能帮助你创建一份介绍并应用你的**故事**的计划。

1. **为理解而备的计划**

社交故事作者要为理解做好计划。这是审视文本和插图的最后机会,在这个过程中要时刻想着"理解"这个要求。能不能设置些问题放在**故事**里呢?一旦**听众**对**故事**熟悉了,**部分句**会不会有帮助?**作者**要做出计划来帮助**听众**理解,这可能和下一节的**为故事支持而做的计划**有重合之处。

2. **为故事支持而做的计划**

故事支持包含支持**故事**在实际中运用的资源和指导技巧。有没有为**听众**提供支持的东西?把**故事**做成 PPT 会不会有帮助?从**故事**中挑选一句重要的话做成标语贴在教室里如何呢?可能性很多,每一种可能性都取决于特定的**听众**和**故事**的话题。练习活动:想想你的**故事**。在你运用这个**故事**的时候,怎么样能帮到**听众**提高理解和参与度?

3. **故事的复习计划**

对**社交故事**的复习反映了故事创作过程中的耐心、积极态度以及合理的思考。复习**社交故事**要在舒服的环境里进行,运用积极正面的语调来复习。永远不要(永远,永远,永远不要)强迫复习,或者,将**社交故事**作为不良行为的后果。用常识来决定多久复习一次**故事**。建立有规律的复习计划,既要频繁以使其奏效,同时不能太过频繁而造成没必要的重复。**作者**在制订可行的计划时要同时考虑到**听众**和话题这两个因素。复习**故事**的时候,要记住**听众**可能不一定总需要或不想**作者**或者另外一位成人在场。练习活动:制订一个尝试性的计划来复习**故事**。在哪里给**听众**首次介绍这个**故事**以及接下来的复习?想想你的**听众**和**故事**的话题,然后决定读**故事**的频率。

4. **积极的介绍计划**

介绍每个**社交故事**都要用和**故事**文本一样的实事求是而非自以为是的态度

来进行。例如，**作者**可以用一种沉着自信的态度开始介绍："这个故事是我专门给你写的！"对于年龄小的孩子，舒舒服服地坐在他们身边的椅子上或者地板上，把注意力放在你们俩面前的故事上，效果往往不错。如何开始介绍**故事**，方法有很多，关键是要保持冷静和舒适。练习活动：向你的**听众**介绍自己的**故事**。

5. 监控！

一个**故事**一旦完成，**团队**成员要监控它的影响。关键是要注意**听众**的反应，看他/她对文本或者插图的理解是否与**作者**想要达到的效果一致。另外，**作者**对成功要保持高度好奇。如果一切顺利，为什么会这样？这些因素在将来要写的**故事**中要如何运用？是在现有的话题基础上进一步扩展，还是重新写一个新的？

6. 整理故事

一个**故事**写好了，其他**故事**就会接踵而至。重要的是要把这些**故事**整理好。塑料封面的三环笔记本很好用。可以用口取纸标签来对**故事**进行分类，这样在需要的时候易于查找。练习活动：整理要从一开始就做，以后就容易多了。找一个笔记本，把你的**故事**插进去吧！

7. 故事分类，建立概念

可写的话题很多。**听众**在短时间内学到大量**故事**的情况并不少见。话题也往往重复出现。记住，可以把**故事**抄写下来放进专门的笔记本中。例如，所有关于聚会的**故事**，如生日聚会、节假日家庭聚会以及街头聚会等，都可以放进一个名为"聚会"的专用笔记本里。在这个本子里，用口取纸标签对**故事**按类型进行分类，或者按年份分类，而整个笔记本则展示的是"聚会"这个大概念。

8. 故事重播和故事续集

社交故事是不会"退休"的！即使是搁置一边很久了，仍然能把它再次介绍给**听众**，犹如电视节目重播一样。你的**听众**还可能从**故事续集**中得益。这样，**听众**可能喜欢原来**故事**中熟悉的因素，同时又能从目前故事里更新过的信息中受益。这样做也有助于清晰地展示过去的和现在的话题之间的重要联系。

9. 循环利用，指导变表扬

循环利用正越来越受欢迎。**社交故事**也能"循环利用"。比如，原本用来介绍新技巧的**故事**，后来可以循环利用，变成表扬他们掌握了技巧的**故事**。在电脑上写作的话，很容易保存和整理**社交故事**。这也就很容易把一个指导性的**社交故事**改变成一个表扬性的**社交故事**。你要做的只是从电脑里调出原来的**故事**，用一个相关的新标题重新保存，然后把它改成表扬你的**听众**学会了新技能的**故事**。和你的**听众**一起骄傲地复习这个**故事**！

10. 与时俱进

信息的传播比以往更迅速。保持最后一次更新的样子，并不断积累**社交故事**资料。常来 CarolGraySocialStories.com 看看，这里是正宗**社交故事**的官方之家，这里有最新、最准确且最可靠的资讯。

最后的结束语

社交故事有相对短暂但非常活跃的发展史。原本是由热心的草根开创，后来经研究被证实为一种循证实践，**社交故事**赢得了父母和专家的尊重，同时也赢得了**听众**的信任。你是最新加入的**作者**。我个人由衷祝愿你一切顺利！我真诚地邀请大家参加**社交故事团队**的演示会或者加入工作坊来提高你们的写作技巧。希望你们写出来的**社交故事**能给**听众**信息、指导和激励！

第一章　通过故事学习

故事 1　我为你写下这些故事——来自卡罗尔·格雷的信

亲爱的_____，

我的名字叫卡罗尔·格雷。在 20 岁之前，我的名字叫卡罗尔·舒尔特。结婚后我改了姓。

我妈妈的名字叫薇奥拉·舒尔特。她很喜欢拍照。她尤其喜欢拍摄那种会讲述故事的照片。她会拍五六张照片，然后，把它们摆放在一起。甚至无须提醒，人们一眼就能看出照片背后的"故事"。有时候，仅一张照片就能讲述一个故事，或者让我们想起一个故事。

这是我 3 岁时的一张照片。照片拍摄于 1955 年。照片中，我是在我姨妈珍妮的家里。这是我姐姐玛丽莲的生日聚会。对着蛋糕笑的那个小女孩就是玛丽莲。照片右下角的那个小女孩就是我。

我正坐在姨妈珍妮的腿上。我还记得这个生日聚会,特别是那个娃娃蛋糕。你看我的脸。我真的很喜欢那个蛋糕啊。可是蛋糕不是我的,这让我感到有一点伤心。我妈妈站在那里,抱着我妹妹伊莱恩。你看看伊莱恩的脸,我想她的感觉和我的一样。我觉得她也喜欢那个蛋糕,并且也为蛋糕不是她的而感到有些不高兴。

这张照片拍摄于1958年。那年我6岁。我和外公外婆在一起。那天是他们的结婚纪念日。他们举办了一场盛大的聚会。大家都穿着漂亮的衣服。我的裙子在腰间划来划去,痒极了。过了一会儿,我戴的发带也弄得我不舒服。拍这张照片的时候,我正为身上好看却不舒服的衣服而心烦呢。

每当我看到这些照片的时候,我就想起自己学到的有关聚会的事情。很多人都认为聚会很好玩。我也喜欢聚会。但是,即便是在聚会这种多数时候都是欢乐的活动中,人也可能会有不高兴或者困惑的时刻。我觉得记着这样的事情很有好处,而且和别人分享这些也有好处。这样,当遇到同样的情况时,他们就不会觉得吃惊了。

这是我的家(下图)。位于密歇根州利沃尼亚市多瑞斯街。我从1956年到1968年都住在这里。我在这儿长大。就是在这里,我6岁的时候写下了自己的第一个故事。我的卧室在一楼,在我父母卧室的对面。我有一个日记本,每晚睡觉前都要写日记。我会给自己写信,等自己长大之后再读。这样,我就不会忘记当个孩子是什么样子的了。

尽管我现在大多了,我还在写故事。我总是试着记住当个孩子是什么样子。我还一直阅读故事,听别人给我讲故事。我会的很多东西都是这样学来的。

　　这本书里的故事是我为你而写的。有些故事讲的是一些人和地方，还有一些故事讲的是其他事情。希望你能喜欢这些故事，并且希望你能从这些故事中学到东西。

　　祝愿你的人生故事也一样美妙精彩！

卡罗尔

故事 2　通过故事学习

人们能从故事当中学到知识。大家经常把自己的经历告诉彼此。听的人，就能从中学习。

有一次，我妈妈教我怎么系鞋带。她就给我讲了她的爷爷是怎么教她系鞋带的。我试了他的方法，经过练习，我学会了怎么系鞋带。

还有一次，在幼儿园操场，我不敢从滑梯上滑下来，可我又很想滑。于是，我就观察其他孩子怎么做：他们爬上滑梯，在顶部坐下来，然后往下滑。我不知道自己是不是也能做到。幼儿园的伯恩斯老师走了过来，站在了我身边。他给我讲了个故事。当他还是个小孩子的时候，他也不敢滑滑梯。我问："那你有没有试一试？"他说他试了。他还说，往上爬的时候抬起头向上看帮他克服了恐惧感。我想他的方法可能对我也能起作用。于是，我滑下了滑梯，一切顺利！

上周二是个下雨天。我不想穿雨衣。我姐姐麦迪逊说："就穿着吧，这样比较好。"她还给我讲了个故事。去年，有一天，也是个下雨天，她不想穿着雨衣去学校。结果，她淋湿了。上课的第一个小时里，她浑身又冷又湿，很不舒服。为了舒服，不弄湿自己，我决定还是穿雨衣吧。

我每天都在学习。听人们讲述他们自己的故事。我会一直这样倾听他们的故事，并从中学习。

故事3　这本书里的故事

这本书里的故事是写给我的。

这本书里有的故事写的是我和我的感觉。有些故事是关于成长和那个叫能量堡的地方的。有个故事叫"或许我可以做这个"。

这本书里有的故事写的是一些人和一些地方。有些故事是关于我的家人、我的家和我的学校的。这本书里有写大人和孩子的故事。

这本书里有写犯错误的故事。每个人都会出错。这本书里还有关于变化的故事。变化随时都在发生。

这本书里有写人们遇事怎么想、怎么说、怎么做的故事。有关于分享、游戏以及如何面对输赢的故事。

这本书里有个关于托马斯·爱迪生的故事，还有三个讲口香糖的故事。

这本书里有讲地球的故事。地球是我的家园。书里还有讲火灾和乘坐飞机的故事。甚至还有讲晚间新闻，以及人们为什么看晚间新闻的故事。

还有讲其他事情的故事。比如，当人们使用"事情"这个词的时候，他们是在指什么。这些在词汇表里都被提到了。

这本书里有许多故事，准确地说是 185 个故事。它们讲述了地球上的生活。

故事 4　我的故事集

我有一本故事集，里面装的是我的生活故事照片。

我可以把我的照片放进我的故事集里。我是自己故事的主角。

我可以把我喜欢的人的照片放进我的故事集里。他们在我的故事中很重要。

我可以把我喜欢的地方的照片放进我的故事集里。它们是我的故事的背景。

我可以把我喜欢的玩具和其他东西的照片放进我的故事集里。它们是我故事里的工具。

我可以把开心时刻的照片放进我的故事集里。它们是我故事里的开心记忆。

随着我不断成长，我会把更多照片放进我的故事集里。

我可以翻看我的故事集，看我自己，看我喜欢的人和地方，看好玩的玩具和美好的东西，看那些开心时刻。

第二章 给学龄前儿童的社交故事

简　介

今年初，未来地平线出版社（Future Horizons）的一组工作人员找到了我，该出版社在1992年出版并发行了第一版的《社交故事》，并陆续推出了之后的每个版次（除了一版）。2010年《社交故事新编》完成了首次修订，时隔五年，这是第二次修订。在和工作人员的谈话中，我们很快便做出了将"给学龄前儿童的社交故事"这一全新章节作为2015版重点的决定。本章中的**故事**及这篇简介会帮助你为年幼的**听众**写出**社交故事**。

根据我的经验，为幼儿编写**社交故事**时，最重要的步骤就是要在写故事前收集必要的资料。因为年幼的孤独症儿童不会回答你的提问，也不会描述自己对场景的理解，观察十分重要。咨询孩子**团队**里的其他成员也很重要。目的是发现话题：导致孩子当前问题性回应的资料缺失或理解错误。在创作初期注重内容，能够节省**作者**的时间，避免困扰，并提高故事质量。

写给学龄前儿童的**社交故事**都非常简短，大多数控制在3～12句话之间。**作者**要将故事的长度控制在**听众**的注意力范围内。这恐怕有些令人沮丧，特别是在有重要细节需要涵盖在内时。这种情况下，就有了"**社交故事集**"（一组短小的**故事**）。每个**故事**描述一个观点，或是与总话题相关的概念。通常，"**社交故事集**"一次只讲一个**故事**。**故事**与**故事**之间留出时间，可以使孩子在能力范围内舒适、积极地回顾**故事**。

重复、节奏与韵律是幼儿文学的常见要素。有了它们，故事的结构变得更加稳定且可以预测，这样的故事更容易被记住并付诸实施。鉴于这些原因，这些要素也是给学龄前儿童的**社交故事**的常见要素。

最后，我还想提醒大家：半数的**社交故事**是在表扬**听众**当前的良好表现。换句话说，无论写给什么人的**社交故事**，有 50% 都是在强调他/她正确的行为、积极正面的品质，或是已经掌握的技能。这能够建立自尊，也能防止一些孩子对**社交故事**的整体抵触。每一个成就、才能、友好的举止，和/或学到的概念都是一个潜在的**社交故事**主题。

在你为你看护的婴幼儿写**社交故事**时，请收下我最美好的祝福。

故事 5　我穿拉拉裤

我的名字叫乔纳森。我穿拉拉裤，用来接住并存放我的嘘嘘和臭臭。

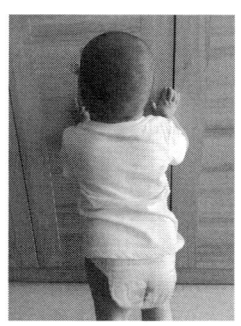

拉拉裤接住并存放我的嘘嘘和臭臭，我不再需要其他的。当它脏了，我们就把它扔掉。

我穿拉拉裤接住并存放我的嘘嘘和臭臭。

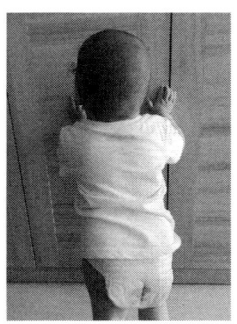

故事 6　总有一天，我会穿内裤

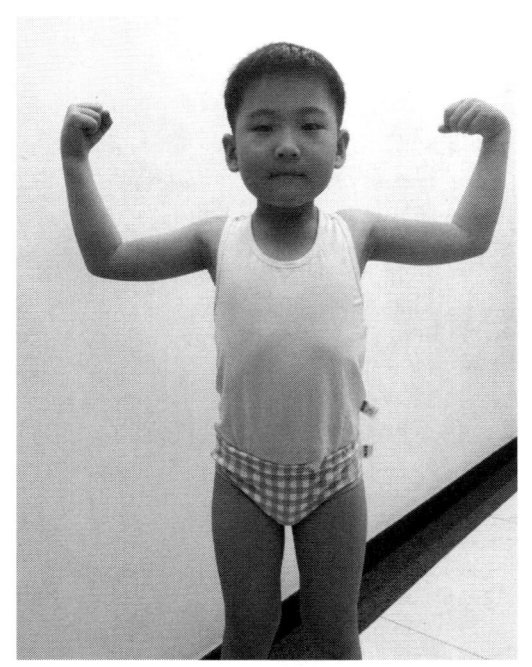

我的名字叫乔纳森。我正在学习关于马桶的知识。

最初，小孩子们穿拉拉裤。然后他们穿内裤。

我现在穿拉拉裤。总有一天，我会穿内裤。

故事 7　小孩子长得有点慢 *

孩子会长大。有时候，大人看着孩子会说，"你长得可真快！"如果孩子真的长得很快，那每次他们低头看自己脚的时候，就会看到他们的脚又长长了一点。

比起地球上的许多动物，小孩子长得有点慢。他们的身体一点一点地变化。仓鼠 6 个月大的时候就成年了。小猫咪在 1 ~ 3 岁时就长成大猫了。小狗在 2 ~ 3 岁时就长成大狗了。而绝大多数人要在 18 ~ 25 岁时才长成大人。

孩子是很忙的。所以，他们可能注意不到自己正在长大。可是，会有那么一天他们的衣服或者鞋子太小了。到那时，长大了似乎还有点让人吃惊呢。

身体长大是成长的一部分。比起一些动物，小孩子长得很慢。这也是为什么孩子往往要到衣服太小时才会发现自己长大了。

---

* 编注：登录华夏出版社官网或关注华夏特教微信公众号，即可免费下载此故事插图。

故事8　我为什么需要新衣服 *

我是个小孩子，我正长得越来越高，越来越壮。所有的孩子都会长大。但衣服的尺寸却不会变。因此，孩子的衣服穿着合适的时间也许只有几个月。

当衣服太小时；当鞋子太紧，脚趾在鞋里伸不开时；当裤子太紧或太短时；又或者，当衬衫扣子很难再扣起来时。

就是该买新衣服的时候了。

我需要新衣服，因为我长大了，而我的衣服却还是和以前一样大。

---

* 编注：登录华夏出版社官网或关注华夏特教微信公众号，即可免费下载此故事插图。

故事 9　什么是固定设备

固定设备就是连接在建筑物上的东西。

这个固定设备是洗手池。管道把它和房子连在了一起。

这个固定设备是马桶。管道也把它和房子连在了一起。

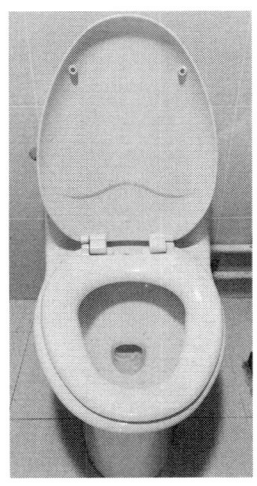

我的家里还有许多固定设备。

故事 10　什么是马桶

马桶是卫生间里的固定设备。每个马桶都有一个水箱、一个座位、一个盖。这是一张马桶的照片。

这是另一张马桶的照片。

这是我家马桶的照片。

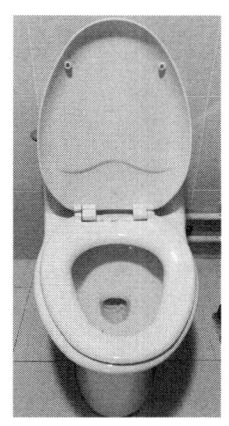

马桶是卫生间里的固定设备。每个马桶都有一个水箱、一个座位、一个盖。

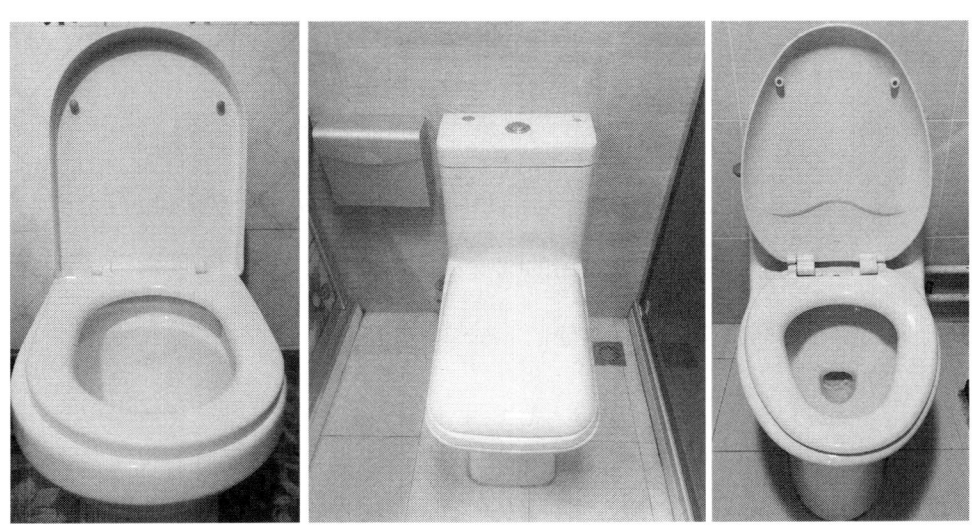

故事 11　人们为什么要有马桶

这是一张马桶的照片。当人们长大时，他们学习用马桶接住并存放他们的嘘嘘和臭臭。

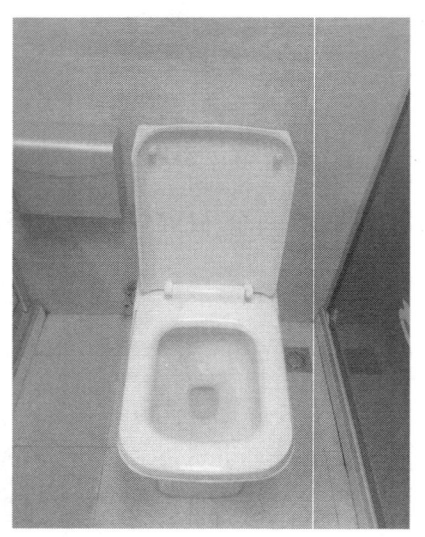

每个马桶都会接住并存放没用的嘘嘘和臭臭。

人们学习用马桶接住并存放他们的嘘嘘和臭臭。

故事12　马桶冲走嘘嘘和臭臭

人们学着用马桶接住并存放他们的嘘嘘和臭臭。他们不再需要嘘嘘和臭臭，所以他们把它冲走！

冲水会让马桶把没用的嘘嘘和臭臭冲走。这样马桶就又干净了。

冲马桶会把嘘嘘和（或）臭臭冲走。

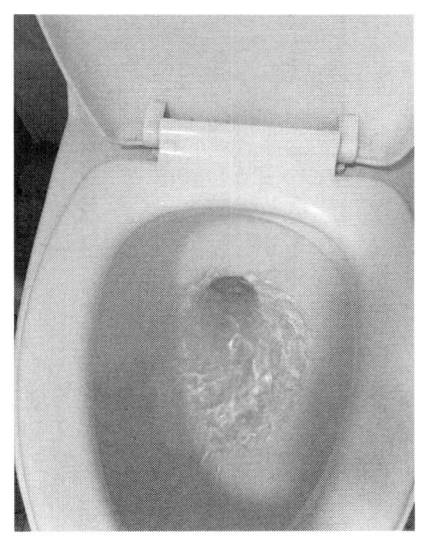

故事 13　马桶、管道和污水处理厂

这是马桶的照片。马桶和管道连在一起。

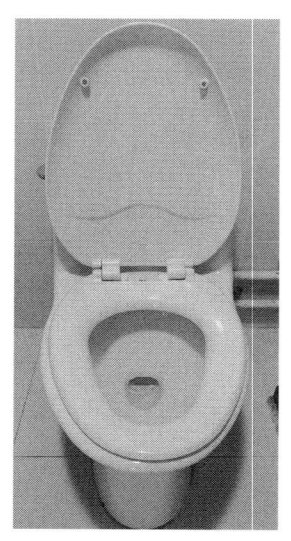

嘘嘘和臭臭沿着管道去往一个名叫污水处理厂的地方。

在我家，马桶和通往污水处理厂的管道连在一起。

故事 14　椅子

椅子是一件家具。

家具令房间可供使用。桌子、床、梳妆台、箱子，以及类似的东西都是家具。

人们坐在椅子上吃饭、休息、读书、放松或是工作。人们在室内和户外使用椅子。

椅子是一件有用的家具。

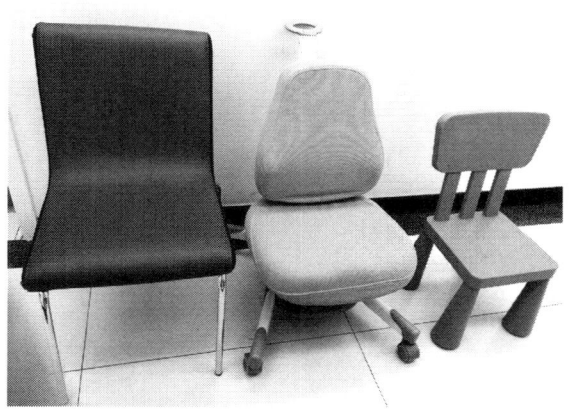

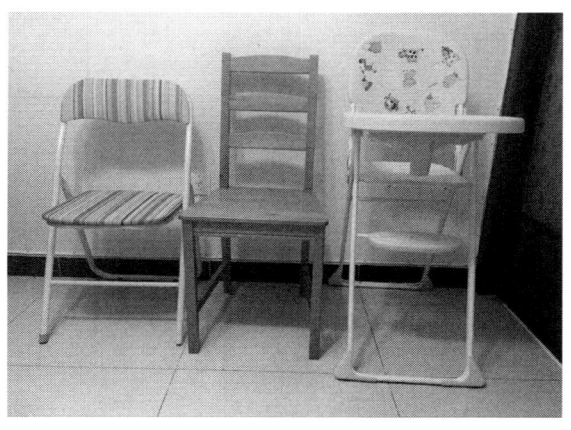

故事 15　马桶不是椅子

马桶不是椅子，这是一定的。

马桶是通过管道将嘘嘘和臭臭送往污水处理厂的固定设备。它有一个安全的座位，有一个能漏下嘘嘘和臭臭的洞。

椅子是家具。它有实心的座位。人们使用椅子有很多原因，但绝不是嘘嘘和拉臭臭。

不论何时、不论何地，马桶肯定不是椅子！

故事 16　坐在马桶上是安全的

小孩或大人坐在马桶上都是安全的。

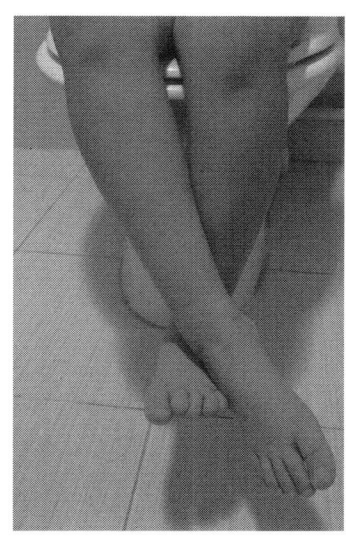

这很好，因为每天都有很多人使用马桶。

马桶的座位小得可以安全地坐下，洞口大得足够嘘嘘和臭臭通过。

马桶的座位是个可以坐下、嘘嘘和拉臭臭的安全地方。

故事 17　这是关于狗的故事。只有狗

这是关于狗的故事。只有狗。

这是一张狗的照片。有时候人们在看到类似的照片时会说："这是一只狗。"

这是一只狗。

这是一只狗。

这是一只狗。

这是几只狗和一只猪。一只猪？

猪可不应该放在这个故事里。

这样好多了,因为这是一个关于狗的故事。

只有狗。

故事 18　我的父母照顾我

我的名字叫克里斯托弗。妈妈和爸爸照顾我。

妈妈和爸爸帮我清理我的房间。

妈妈和爸爸给我准备食物。

妈妈和爸爸帮我洗澡。

妈妈和爸爸教我怎么做新的事。

妈妈和爸爸照顾我，使我健康快乐成长。

故事 19　我正在学习系鞋带

我正在学习怎么系鞋带。

我已经学会了怎么系扣子。我已经学会了怎么拉拉链。

总有一天,我能学会自己系鞋带。

故事 20　我们照顾金鱼弗兰克

我们照顾金鱼弗兰克。

弗兰克不能清理自己的鱼缸，也弄不到食物吃。

所以，当弗兰克的鱼缸脏了时，我们会帮他清理，还会喂他食物。

照顾弗兰克，帮助他保持健康。

故事 21　我要上幼儿园了

这是我关于幼儿园的故事。我在 _____ 天后，就要开始上幼儿园了。

我的家长和我试想着我在幼儿园会看到什么。我们可以在这里写下来：

1. _____

2. _____

3. _____

我的家长和我会想一想我在幼儿园会做什么。我们可以在这里写下来：

1. _____

2. _____

3. _____

这些是要在幼儿园看和做的事情。其中一些可能就在这个故事里。

故事 22　去幼儿园

很多小朋友都上幼儿园。去幼儿园也有很多方法。

有时候，小朋友们搭乘校车去幼儿园。

有时候，小朋友们坐私家车去幼儿园。

妈妈和爸爸教我怎么做新的事。

小朋友们去幼儿园有很多方法。

故事 23 当我在幼儿园时

我去上幼儿园。我的妈妈和爸爸也很忙碌。

当我唱"你好"歌时,我的妈妈正开车去她的学校。

当我做事时，我的爸爸也在做事。

当我们打扫卫生时，我的爸爸正在回家的路上。

当小朋友们在幼儿园时，大人们也在其他地方忙碌。

故事 24　我的玩具

我的玩具属于我。它们是我的。

我的很多玩具都是给我的。

我的一些玩具上有我的名字。

我可以玩我的玩具，或者和别人分享它们。

我有属于我的玩具。

故事 25　不是我的玩具

有些玩具不是我的。这个没关系。

幼儿园的玩具不是我的。小朋友们学着分享幼儿园的玩具。

我的哥哥山姆有玩具。其中一些是给他的,或是有他的名字在上面。他可以玩他的玩具,或者和别人分享它们。

有些玩具不是我的。这个没关系。

故事 26　跟紧妈妈

我们要去商店。跟紧妈妈十分重要。

这是我的照片。

这是我妈妈的照片。

这是我跟紧妈妈的照片。这是在商店里的"黏在一起"。

在商店里，我会尽量跟紧我的妈妈。这非常、非常、非常重要。

故事 27　用跟紧，黏在一起

我们一家人要去博物馆。博物馆是一个很大的地方。

在大的地方，跟紧既明智又安全。

大多数时候，跟紧意味着要一个挨着一个。

我们一家人要去博物馆。我们会尽量地跟紧了，这样既明智又安全。

故事 28　用合作，黏在一起

黏在一起意味着要合作。

我们一家人上次去博物馆，我的妹妹需要去洗手间。我们做了一个计划，所以她才能安全地去洗手间。这正是用合作，黏在一起。

黏在一起意味着要合作，以确保安全。

第三章　自我护理

故事 29　洗手

有时候我的手会弄脏。我的手每天都在接触有细菌的东西。我的双手每天都碰到门把手、铅笔以及其他很多东西。这些东西表面都有细菌。我看不到也感觉不到手上的细菌。因为细菌非常非常小。虽然我看不到细菌，但是我能把它们洗掉。用肥皂和水洗手就能杀死细菌。

人们洗手的时候遵循的几个步骤：

- 走到洗手池边。
- 打开水龙头。
- 把双手弄湿。
- 在手上擦上肥皂。
- 两只手在一起搓。
- 用水冲洗双手。
- 关上水龙头。
- 擦干双手。

洗手是个健康的好习惯。
我会努力按照这些步骤来好好洗手。

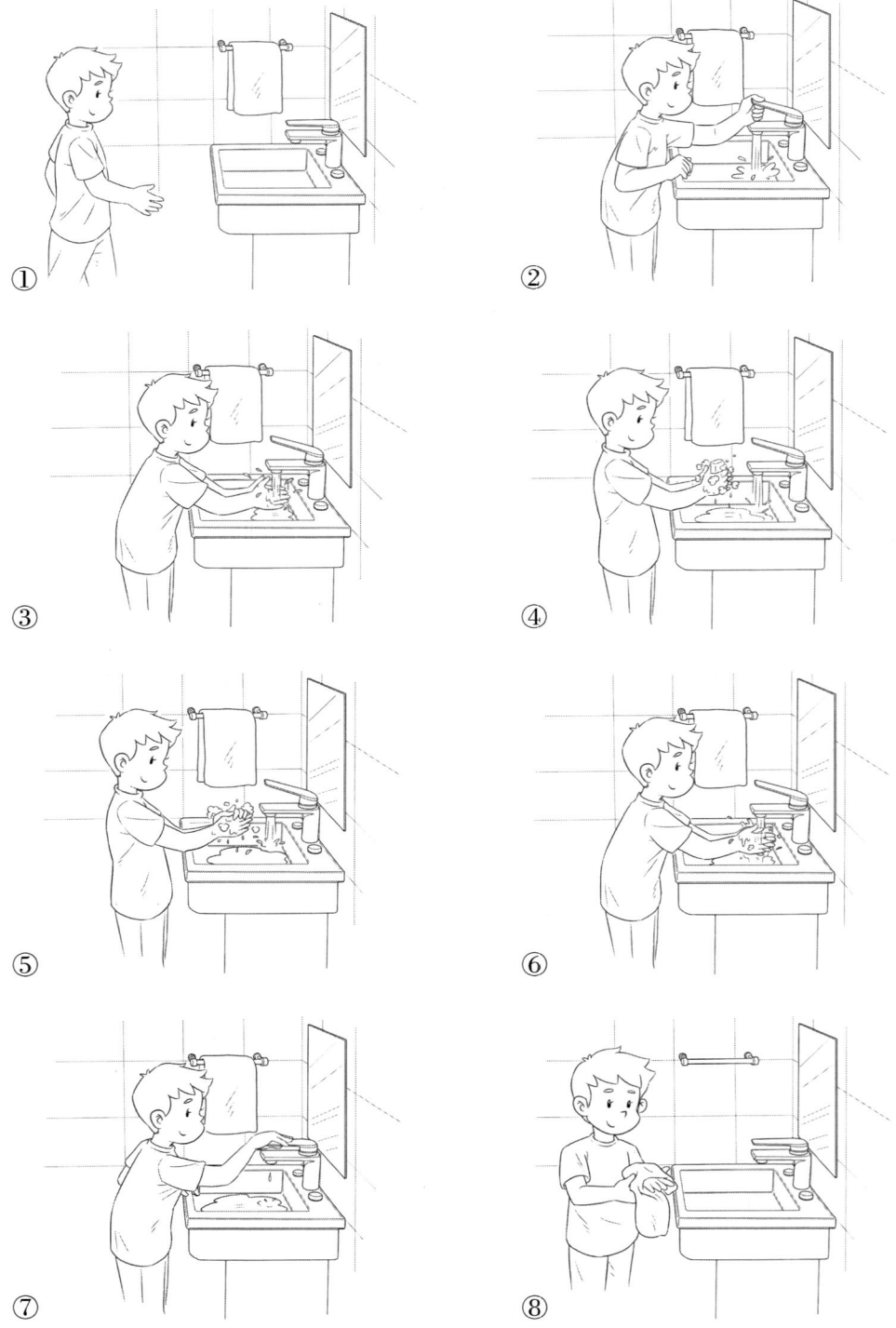

故事 30　淋浴的十个步骤

很多人都用淋浴来清洁身体。人们往往说，"我要冲个澡。"这句话的意思就是，"我要淋浴了。"很快，我也要学习怎么淋浴。

下面列出了很多人在家淋浴的步骤。这些步骤解释了他们要怎么做，以及为什么要这样做。

淋浴的十个步骤

- 进入浴室，并把门关好。关好门能保护淋浴时的隐私。
- 脱光衣服。这样就不会弄湿衣服了。
- 打开水龙头，调到舒服的水温。如果水太热或者太冷，洗澡就不舒服了。（提示：有些人手持花洒来调试水温，调到合适的温度后，再将花洒放到花洒座上。）
- 确认洗澡水从淋浴喷头流出。
- 小心地进入淋浴间。湿地板可能会滑。
- 用洗发水洗头，冲干净，抹上护发素，再冲干净。洗发水是用来洗头发的肥皂。护发素能使头发容易梳理、做造型。洗发水和护发素一定要冲洗干净，这对于保持头发和头皮干净、舒服很重要。
- 用肥皂洗身体。这样就能洗掉身体上的脏东西。再冲洗。冲洗干净是保证皮肤干净、舒服的重要步骤。
- 洗好之后，关上水龙头。这样既能节约水，还能节约能源。
- 用浴巾擦干身体，然后把浴巾挂好。衣服穿在擦干的身体上才会感觉舒服。把浴巾挂起来就能保持浴室整洁。而且，这样也不会有人冲你喊，"喂，回来把你的浴巾挂好！"

- 穿上干净的衣服。把脏衣服带出浴室。这样就能保持浴室整洁。

这些步骤对我很有用,因为我正在学习怎么淋浴。我的爸爸妈妈知道怎么淋浴。如果我对怎么淋浴有疑问的话,可以问他们。经过练习后,我可能就不需要这个步骤清单了,甚至不需要爸爸妈妈的帮助。我会学会怎么自己淋浴!

故事 31　缩短淋浴时间，和他人公用卫生间

我们家里有两间卫生间。一间给爸爸妈妈用，另外一间是我姐姐埃米莉、哥哥奥斯汀和我公用的。

我姐姐埃米莉在我们公用的卫生间里上厕所、淋浴、洗脸、刷牙。

我哥哥奥斯汀在我们公用的卫生间里上厕所、淋浴、洗脸、刷牙。

我们每个人都要上厕所、淋浴、刷牙。为了公平起见，每个人用卫生间的时间都要分配好。

淋浴的时候快一点有助于大家公用卫生间。埃米莉淋浴的时间短了，奥斯汀或者我就能早一点用上卫生间。要是奥斯汀淋浴时间短了，埃米莉或者我就能早一点用上卫生间。而我要是淋浴快点，奥斯汀或者埃米莉就能早一点用上卫生间。淋浴时间短些能帮助大家更好地公用卫生间。

为了更好地和奥斯汀和埃米莉公用卫生间，我会尽量缩短淋浴时间。

故事 32　如何缩短淋浴时间

有时候，缩短淋浴时间很重要。下面有个想法能帮到我们更容易做到缩短淋浴时间，或者使缩短淋浴时间更有趣。

- 在完成淋浴的十个步骤的同时，不在浴室里玩。
- 用闹钟定时十分钟，在闹钟响起来之前完成那十个步骤。
- 三首歌淋浴法。在浴室的录音机上录上自己喜欢的歌曲，在第一首歌曲播完前，洗好头发。第二首歌曲播完前，洗好身体。第三首歌曲播完前，擦干身体，穿好衣服。

在我的家里，缩短淋浴时间往往很重要。制订好计划会有帮助。我可能会采取以上方法中的一种。也许，我的爸爸妈妈会有不同的方法，或许我也会有不同的方法。不管我们最后怎么决定的，我都要试着缩短淋浴的时间，以便和其他人更好地公用卫生间。

第四章　变化

故事 33　变化

人们生活在地球上，而地球在不断变化。地球不断变化，人也一样。

人们知道有很多事情将会发生怎样的变化。树叶会落到地上。水蒸发会变成汽。太阳下山就成了夜晚。人们已经预料到这些事情的发生。

很多预料到的变化构成了人们的生活常规。树叶落到地上，人们就把它们耙起来。水蒸发到空气里，人们就查看他们的植物是否需要浇水。太阳下山成了夜晚，人们就上床睡觉。这些应对方法形成了生活常规。

还有其他一些人们试图预知的变化。人们知道这些变化可能会发生，但是他们不能肯定。因此，他们收集信息，然后，做出最可靠的猜测。有风暴了，晴天就会变化。有流星雨的时候，夜晚的天空也会发生变化。地震会震裂地表。人们试着预知类似这样的变化什么时候会发生。

那些人们试着预知的变化会改变他们的计划。雷雨使人们的室外野餐改成了室内野餐。流星雨使人不去看电影，而是改去看流星雨。地震使人们取消球赛。人们试着预知那些能改变他们计划的变化。

人们生活在地球上，而地球是不断变化的。这些改变有助于人们形成生活常规，制订计划，同时也会使人们改变计划。这就是地球上的生活。

故事 34　形成生活常规的那些变化

每一天，我周围都有变化。从白天到黑夜，从黑夜到白天，有很多的变化。人们根据白天和黑夜来分辨该做什么。

当太阳升起时，天空会渐渐变亮。这是早晨。对我来说，这是我早常规的时间。是时候该醒来，起床，开始我的一天了。

当太阳落山时，天空会渐渐变暗。这是晚上。对我来说，这是我晚常规的时间。是时候该穿上睡衣，准备上床睡觉了。

从白天到黑夜是个大变化，从黑夜到白天也是个大变化。太阳带来了大变化，帮助我和其他人知道该做什么！

故事 35　关于变化的看法

有这样一种看法：那些人们预料到的且想要的变化最容易应对，而那些人们未预料到的且不想要的变化最难应对。

只看日历，生活可能很简单。每一天都有一个格子。人们常常把自己的安排和活动标在日历上。完成一天的计划，就接着去做第二天的计划。

对很多人来说，从一天变成另一天是件容易的事。人们上床睡觉，等着另一天的到来，然后在第二天的早上迎接这一天的开始。对很多人来说，预料到的且想要的变化是最容易应对的变化。

未预料到的变化就是意外。有些意外很美好。比如，雨后看到彩虹。未预料到的却是人们想要的变化往往就是惊喜。

有些未预料到的意外是人们不想要的。轮胎漏气就是人们未预料到的且不想要的意外。未预料到的且不想要的意外往往意味着人们得去做他们不愿意去做的事情。未预料到的且不想要的意外是最难应对的变化。

只看日历，生活可能很简单。但是每一天并不仅仅是列在日历上的活动和安排。生活中一些最具挑战性的事情就是那些没写在日历上的事情。

故事 36　我对变化的看法

有这样一种看法：人们预料到的且想要的变化是最容易应对的变化。人们未预料到的且不想要的变化则是最难应对的变化。

对很多人来说，从一天变化到另一天很容易。这是一种预料到的且想要的变化。我预料到的且想要的变化是：

_____

对我而言，这个变化（单选）：**容易　有挑战　困难**

未预料到的变化是意外。有些意外是美好的。对我来说，未预料到的但美好的意外之一是：

_____

对我而言，这个变化（单选）：**容易　有挑战　困难**

有些未预料到的变化不被人们喜欢。未预料到的且不想要的变化往往迫使人们去做他们不喜欢做的事情。对我来说，未预料到的且不想要的变化是：

_____

对我而言，这个变化（单选）：**容易　有挑战　困难**

只看日历，生活可能很简单。但是每一天并不仅仅是列在日历上的活动和安排。生活中一些最具挑战性的事情就是那些没写在日历上的事情。

故事 37　我们身边的变形金刚

蝴蝶

生活中到处都有真实的变形金刚。根据自己的生命历程，它们改变自己的形态以及外貌。

蝴蝶就是个真正的变形金刚。它的生命周期分成四个阶段。第一阶段，它只是树叶上的一粒卵，一粒下在蝴蝶食物附近的卵。但是很快它就不是卵了。

第二阶段，卵变成了毛毛虫。毛毛虫身上可能会有条纹或者花斑。它们进食，然后长大。它们的皮肤会显得越来越小。到皮肤太小了的时候，它们就褪掉外皮。毛毛虫长得很快。它们可能要至少褪四次皮。

第三阶段是蛹（也叫作蝶蛹或者茧）。这是变形的阶段。从外面看，茧看起来静止不动，没有声音。但是，茧的里面正在发生很多事情。毛毛虫正在朝蝴蝶变形呢。

第四阶段是成年蝴蝶。很多蝴蝶的翅膀都是五颜六色的。它们会飞。它们在食物旁边产卵，而这些卵又长成毛毛虫，然后毛毛虫变成茧，最后茧变成蝴蝶。

我们身边的有些变化是遵循生物进程而进行的变形，周而复始地发生着。它们是安静的变形。这些变形是地球生活的重要部分。

故事 38　我们身边的变形金刚

青蛙

生活中到处都有真实的变形金刚。根据自己的生命历程，它们改变自己的形态以及外貌。

青蛙就是个真正的变形金刚。它的生命周期分成三个阶段。第一阶段，它是产在水里的卵，被一种特殊的果冻状物体覆盖着。但是很快它就不是卵了。

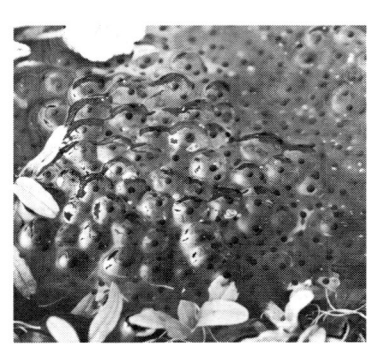

第二阶段，卵孵化。它成了蝌蚪！蝌蚪在水里进食、长大。池塘的表面看起来往往静止不动，没有声音。但是，池塘下面正在发生很多事情。蝌蚪先长出了后腿，然后是前腿，最后它的尾巴不见了。

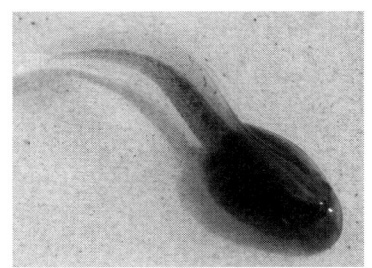

第三阶段是青蛙。人们往往把青蛙想成绿色的。青蛙也可能是其他颜色。有些青蛙会变色。青蛙产卵，而这些卵又长成蝌蚪，最后蝌蚪变成青蛙。

我们身边的有些变化是遵循生物进程而进行的变形，周而复始地发生着。它们是安静的变形。这些变形是地球生活的重要部分。

故事 39　我们身边的变形金刚

瓢虫

生活中到处都有真实的变形金刚。根据自己的生命历程，它们改变自己的形态以及外貌。

瓢虫就是个真正的变形金刚。它的生命周期分成四个阶段。第一阶段，它是一粒卵。瓢虫把自己的卵产在叶子的背面靠近食物的地方。但是很快它就不是卵了。

第二阶段，卵孵化。幼虫长了出来。幼虫看起来像是昆虫，有六条腿，身体侧面有细细的绒毛。它们进食、长大。经过 21 天，它们就要开始变形了。

第三阶段是蛹。这是变形的阶段。从外面看，蛹看起来静止不动，没有声音。但是，蛹的里面正在发生很多事情。幼虫正在朝瓢虫变形呢。

第四阶段是成年瓢虫。它们的颜色是红色带黑点。它们在食物旁边产卵，而这些卵又长成幼虫，然后幼虫变成蛹，最后蛹变成瓢虫。

我们身边的有些变化是遵循生物进程而进行的变形，周而复始地发生着。它们是安静的变形。这些变形是地球生活的重要部分。

故事40　我是变形金刚 *

蝴蝶、瓢虫、青蛙，还有我！

我也是个变形金刚！

曾经的我只是个小婴儿，但我现在可不是了。

小一号的我确实成长了！

今天的我要比不久后的我小，我会一点点地长大。

再一次变形，变成大一号的我。

等我长到"成人"的体型，我就会退出变形金刚的行列！

---

* 编注：登录华夏出版社官网或关注华夏特教微信公众号，即可免费下载此故事插图。

第五章　错误

故事 41　什么是错误

错误是指答案、想法，或者行动上的差错。当人们说了不正确的话或是做了不正确的事时，这就是个错误。

错误的例子有很多。写错别字是个错误。天冷的时候穿得太少是个错误。忘记把写完的作业交给老师是个错误。人们还会犯其他各种各样的错误。

当人们慢慢长大，他们从自己的错误中学习。他们可能不会再犯相同的错误。但是，人总是在不断成长，并且总有新的经历。因此，人们也常犯新的错误。

有时候，人们知道自己犯错误了。有时候，他们从别人那里知道自己犯错误了。偶尔犯了错误，但没人发现。

多数人会试着做出正确的回答。他们会试着想出好主意。他们会试着做正确的事情。尽管人们很努力，却仍然会犯错误。

错误就是地球上的生活的一部分。犯错误没关系。

故事 42　托马斯·爱迪生和错误

托马斯·爱迪生是一位发明家。发明家是第一个想出新想法、创造出新东西的人。发明家会犯错误，但他们也知道如何从错误中吸取教训。

托马斯·爱迪生就犯过很多错误。他保持冷静。这样，他就能更好地思考，并从他的错误中吸取教训。他帮忙发明了灯泡和很多其他东西。托马斯·爱迪生预料到会犯错误。对于发明家来说，错误是他们工作中的一个重要部分。

知道如何处理错误是明智的。保持冷静很重要。冷静的身体有助于大脑有效地、高效地思考并解决问题。（这里的"有效地"和"高效地"是指大脑处于最佳的工作状态！）

许多学生也学着在犯错误后保持冷静。这有助于他们好好思考，有效并高效地解决问题。他们学着发挥错误的优势，就像托马斯·爱迪生那样。

身体冷静能使大脑处于最佳的工作状态。和许多其他学生一样，我正在学习如何在犯错误后保持冷静。这有助于我的大脑处于最佳的工作状态！

故事 43　错误调查

调查是收集与某件事情相关的资料的一种方法。在众多调查中，同样的问题被用来问不同的人。然后，再研究他们的回答。我有一个关于错误的调查。

有人在一天之内没有犯一个错误吗？调查是了解人们如何看待这个问题的方法之一。

我的调查题目为错误调查。我可以用这个调查来了解有关错误的更多知识。我的老师知道如何使用调查。他们可以帮助我。

错误调查的对象是大人。为了安全地进行调查，重要的一点是要把调查问卷发给那些我认识的大人，而不是陌生人。我的老师会帮我拟出一份名单，列出那些能接受调查的人。

为了做这个调查，每个大人都要读这个（这个在调查表的最上面）：

错误就是一个失误。有大错误，也有小错误。这有一些错误的例子：

· 做了不该做的事情，比如，开车时转错了弯，或者拼东西时拼错了。
· 忘记事情，比如，没能记住某人的名字或者今天的日期。
· 丢东西，比如，重要的笔记本、钥匙、鞋子等。
· 把东西掉到地上。
· 计算错误或者书写错误（含错别字）。

人们会犯很多很多的错误。

然后，他们要回答这个问题：

· 你认为你有过一整天都没出一个错误的时候吗？

我会试着找五个大人来做这个错误调查。然后，我和我的老师会讨论他们的回答。这样，我和老师两个人就可以对人们以及他们的错误了解更多！

故事 44 错误调查

这是个有关错误的调查。请阅读下面的说明并按要求去做。

错误就是一个失误。有大错误,也有小错误。这有一些错误的例子:

· 做了不该做的事情,比如,开车的时候转错了弯,或者拼东西的时候拼错了。
· 忘记事情,比如,没能记住某人的名字或者今天的日期。
· 丢东西,比如,重要的笔记本、钥匙、鞋子等。
· 把东西掉到地上。
· 计算错误或者书写错误(含错别字)。

人们会犯很多很多的错误。

请写下你的名字。然后,圈出你的答案:是 / 否

如果你愿意,请写下自己的想法。

你认为你有过一整天都没出一个错误的时候吗?

姓名	选项
1. _____	是　否
想法:_____	
2. _____	是　否
想法:_____	
3. _____	是　否
想法:_____	
4. _____	是　否
想法:_____	
5. _____	是　否
想法:_____	

故事 45　美好的一天也可以出错

我在学习了解一件事。那就是，美好的一天也可以出错。

每一天都有很多人在工作和玩乐中出错。比如，忘带早餐，上楼梯时绊了一下，或者拨错电话号码。人们还会犯其他许许多多的错误。

人在成长的过程中会了解错误。他们会认识到出错也没关系。错误不过就是个错误。出错的这一天仍然是美好的一天。

大多数错误都能得到改正。当我出错的时候，大人，比如我的爸爸、妈妈或者老师都可能会帮助我。他们曾经也是孩子而且出过很多错误。他们可能也犯过我正要改正的错误！

一天的时间很长，确切地说是 24 小时，或者是 1,440 分钟，又或者是 86,400 秒。通常，错误发生得很快。这样就留出了很多时间来改正错误，那么一天中剩下的时间就可以顺利度过了。

我在学习了解一件事。那就是，美好的一天也可以出错。

故事 46 美好的一天也可以出错吗

美好的一天也可以出错吗?

我猜应该是可以的吧。

人们可能犯的错误有那么多,

所以我们每个人都可能会犯几个错误。

那么,是不是每一天都会出错呢?

只要人们每天都起床,

那么答案就是肯定的。

可是,要是他们都不起床呢?

呃……我想这本身就是个错误。

美好的一天也可以出错吗?

看起来是这样。

人们会出错,可是他们仍然会说:

"是啊,我今天过得很好。你呢?"

第六章　感觉

故事 47　特雷弗团队里的那些人

特雷弗 8 岁了。这些照片中的人是特雷弗**团队**里的成员。特雷弗**团队**里的每个人都爱他，关心他。他们想让特雷弗感到安全、舒服、开心。他们教特雷弗知识，想帮助他长成一个健康快乐的大人。

我的**团队**成员们也有照片。我的**团队**里的每个人都爱我，关心我。他们想让我感到安全、舒服、开心。他们教我知识，想让我长成一个健康快乐的大人。我的爸爸和妈妈会帮我找到**团队**成员的照片，然后将照片放进我的故事集里。

故事 48　什么是舒服

舒服是一种美好的、安全的感觉。

舒服可以指我的身体表面不痛不痒。我不觉得冷也不觉得热。我觉得一切刚刚好。我的皮肤感觉很好。我的头、鼻子、手指和脚趾上的皮肤都感觉很好。

舒服可以指我的身体里面没有疼痛。头不痛，肚子也不痛。没有扭伤，也没有骨折。没有不好的声响。没有不好的味道。我的身体里面感觉很好。

舒服可以指我的感觉很好。我不担心，不害怕。不觉得伤心、糟糕、焦虑或者困惑。知道要做什么以及怎么做，我很舒服。我觉得高兴、冷静而且舒服。我的感觉很好。

舒服可以指某个地方或者某样东西很好，很安全。有很多东西和地方都能给人美好的、安全的感觉，比如一把椅子或者一间舒服的房间。

舒服可以指待在某人身边感觉很美好，很安全。

有时候，我的身体和我周围的一切感觉都好。这时，我彻底觉得舒服。舒服就是一种美好的、安全的感觉。

故事 49　对我来说什么是舒服

舒服是一种美好的、安全的感觉。那么对我来说，舒服意味着什么呢？

舒服可以指我的皮肤感觉很好。我有舒服的衣服。睡衣总是很舒服。这里我列出另外三件让我舒服的衣服：

_____

舒服可以指我的身体里面感觉很好。有安慰食品。安慰食品尝起来很好吃，让人感觉开心。我的三种安慰食品：

_____

舒服可以指我的感觉很好。有些事情是我喜欢做的。当我做这些事的时候感觉很开心。我喜欢做的三件事：

_____

舒服可以指某个地方或者某样东西很好，很安全。有很多东西和地方都能给人美好的、安全的感觉，比如一把椅子或者一间舒服的房间。让我感觉舒服的三个地方或者三样东西：

_____

舒服可以指待在某人身边感觉很美好，很安全。让我感觉舒服的三个人是：

_____

有时候，我的身体和我周围的一切感觉都好。这时，我彻底觉得舒服。舒服就是一种美好的、安全的感觉。

故事 50　开心是一种舒服的感觉

有些事情让我觉得开心。开心是一种舒服的感觉。

我在玩玩具的时候通常都觉得开心。我喜欢玩的玩具有：

_____

_____

_____

我喜欢的话题往往让我很开心。话题就是可以思考、可以谈论、可以画或者可以写的一个主题。我喜欢思考、谈论、画或者写的话题有：

_____

_____

_____

有些人对我来说很重要。他们会尽量让我保持舒服、开心。对我很重要的人有：

_____

_____

_____

我经常觉得开心和舒服。

故事51　寻找微笑

有时候人们开心的时候会微笑。假如我要寻找微笑，在哪里能找到呢？

我能在玩耍的小孩的脸上找到微笑。

我能在给孩子讲故事的妈妈的脸上找到微笑。

我能在下班回家的爸爸的脸上找到微笑。

开心的事情几乎随处都有。有开心的事情的地方就能找到微笑。

故事 52 微笑！为什么

大多数人都喜欢微笑。当人们微笑的时候，他们的嘴角就会上扬，牙齿就会露出来。假如他们的牙齿没露出来，那种微笑就是浅笑。多数时候，有人笑就意味着好的事情。

微笑可以表示，"我很高兴见到你。"

微笑可以表示，"我玩得很开心。"

微笑可以表示，"我很开心。"

微笑可以表示，"我想和你说说话。"或者，"我想和你玩。"

一个小小的温和的微笑可以表示，"我希望你更加开心。"

微笑还可以有其他的含义。

大多数时候，人们微笑就意味着好的事情。

故事 53　什么是不舒服

不舒服是一种糟糕的感觉，有时是不安全的感觉。

不舒服可以指我身体表面的某处破了、疼了、痒了，或者被叮咬了。蜜蜂叮、接触有毒的藤类、割伤、擦伤都会给皮肤造成不舒服的感觉。

不舒服可以指我身体里面的某处受伤了或者疼了。头疼、胃疼、流感、感冒、扭伤、骨折，或者食物味道不好，都会造成不舒服的感觉。

不舒服可以指我感到担心、害怕、生气、伤心，或者感觉糟糕。感到困惑也会让人觉得不舒服。

不舒服可以指待在某个地方或者靠近某样东西让人很不舒服。有些人在狭窄的地方就会感觉不舒服。有些人坐过山车就会不舒服。很多人在嘈杂、热闹或者拥挤的地方可能就会不舒服。

不舒服可以指待在某人身边感觉不安全。待在一个生气或者情绪失控的人身边我通常会感觉很不舒服。有时候，一个人在某个地方做一件别人在那个地方不会做的事情，或者他/她做事的方式和别人都不一样，那么待在这样的人身边就会很不舒服。

不舒服是一种糟糕的感觉，有时是不安全的感觉。

故事 54　对我来说，什么是不舒服

不舒服是一种糟糕的感觉，有时是不安全的感觉。

不舒服可以指我身体表面的某处受伤了、痒了，或者被叮咬了。粗糙的衣服穿起来可能会不舒服。会让我的衣服穿起来不舒服的三件事：

_____

不舒服可以指我身体里面的某处受伤了或者疼了。头疼就会不舒服。会让我的身体不舒服的三件事：

_____

不舒服可以指我感到担心、焦虑、害怕、生气、伤心，或者感觉糟糕。哭也会不舒服。会让我不舒服的三种感觉：

_____

不舒服可以指待在某个地方或者靠近某样东西让我不舒服。非常热的天气会让人不舒服。冰冷的浴室会让人不舒服。会让我不舒服的三个地方：

_____

不舒服可以指待在某人身边感觉不安全。待在一个生气或者情绪失控的人身边会不舒服。有时候，一个人在某个地方做一件别人在那个地方不会做的事情，或者他/她做事的方式和别人都不一样，那么待在这样的人身边就会很不舒服。对我来说，待在一个人身边会让我不舒服的时候是：

_____

不舒服是一种糟糕的感觉，有时是不安全的感觉。

故事 55　感到伤心没关系，但是感觉开心会更好

伤心是一种不开心、不舒服的感觉。感到伤心没关系。任何人都有伤心的时候。当人们感到伤心的时候，可能会哭。当感到伤心的时候，要找个方法让自己感觉好些，这一点很重要。

布鲁克有个冰激凌。可一部分冰激凌却掉到了地上。她伤心得哭了。

康纳遇到个麻烦。他把自己的玩具小猴子埃尔罗伊落在他的朋友卢克家里了。他为此感到伤心。

亚伦的猫奥森跑丢了。亚伦和他的家人都爱奥森。他们都感到伤心。

当人们感到伤心的时候，他们就会试着找个方法让自己感觉好一些。

有时，当人们发现他们失去的并不是全部的时候会感觉好一些。布鲁克手里还有冰激凌蛋卷，里面也还有一些冰激凌。她吃掉了那些冰激凌，然后觉得开心些了。

有时，告诉别人麻烦所在能有帮助。康纳告诉了他妈妈玩具小猴落在卢克家里了。康纳的妈妈帮他把小猴拿了回来。又见到自己的小猴，康纳开心极了。

有时，和别人合作能有帮助。亚伦的家人马上就开始去找奥森。他们在后廊底下找到了它。找回奥森，他们全家都十分开心。

伤心是一种不舒服的感觉。人们感到伤心没关系。当人们伤心的时候，他们要试着找个方法重新开心起来。这就是地球上的生活。

故事 56　每个人都有一座能量堡

有个地方名叫能量堡。能量堡是个既坚固又安全的地方。每个大脑里都有那么一个地方，那里安静、舒适，一切尽在掌控中。在那里人们能做到最好。

人们在成长的过程中都会建造属于自己的能量堡。每个人都是独一无二的，因此每座能量堡也是独一无二的。虽然其他人也肯定能帮上忙，但是能量堡的建造大部分都取决于建造者自己。每座能量堡的门口都有三级台阶。建造者就从这里进去。

- 每座能量堡里都有一个照片廊。那里挂着喜欢的人和快乐时光的照片。
- 每座能量堡里都有一间媒体室。那里放着喜欢的歌曲、电影、电子游戏，还有快乐时光的录像。
- 每座能量堡里都有一间剪贴簿室。那里存着所有让人舒服且有意义的记忆。
- 每座能量堡里都有一间健身房。健康的想法都在那里得到实践。我和我的**团队**会为这个房间列一张健康想法的清单。

到能量堡来的客人都爱它的建造者。他们守护着能量堡，尽力在困难时给予帮助，在顺利时给予鼓励。

我也有大脑，也有能量堡。我会试着画出游览图，并带你参观一遍我的能量堡。

欢迎来到能量堡——样板（可选项）

故事 57　欢迎来到能量堡

欢迎来到能量堡，它是我大脑里既坚固又安全的地方。这里是本次游览的第一站。我是这里的建造者，也是这里的主人。在这里我能做出最佳的思考。我多想让你像我一样亲眼看到它，但又不可能把你从我的耳朵、嘴巴或鼻孔里塞进去。所以，我试着把它画给你看，你看门前有三级台阶：

很多城堡都是用坚硬的材料建成的，比如木头、砖块或者水泥。在大脑里，人们用的是思想和想象来建造。这是能量堡从外面看的样子。当然，建造能量堡的目的是为了待在里面。

照片廊——样板（可选项）

照片廊

这里是照片廊。这里挂着喜欢的人和快乐时光的照片。

媒体室——样板（可选项）

媒体室

在我的能量堡里，这里是媒体室。这里放着喜欢的歌曲、电影、电子游戏，还有快乐时光的录像。

剪贴簿室——样板（可选项）

剪贴簿室

这里是剪贴簿室。这里存着所有让人舒服且有意义的记忆。

健身房——样板（可选项）

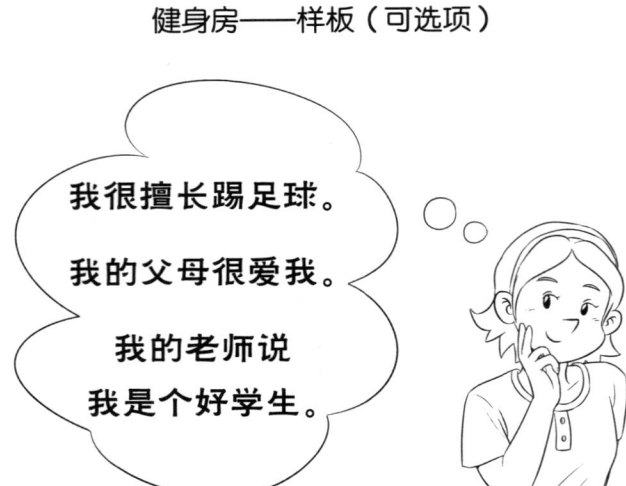

健身房

这里是我的健身房。健康的想法在这里得到实践。

我的团队成员——样板（可选项）

我的团队成员

这些是我**团队**的成员。他们守护着我，时刻准备着帮我渡过难关，并在顺利时为我喝彩加油。我希望你喜欢本次的游览。

故事 58　来能量堡吧

有个地方名叫能量堡。能量堡是个既坚固又安全的地方。每个人的大脑里都有这么一个地方。在这里，人们感到平静，一切尽在掌控中。在这里人们最容易做出明智且友善的选择。

这是卢克。他看起来舒服、平静，也能很好地控制自己。他这是在能量堡里。当他在能量堡里时，卢克就能做出明智且友善的选择。

有时，卢克可能会觉得不舒服；有时，他可能会觉得焦虑、气愤、悲伤或者困惑。他那是在能量堡外。那可不是一个舒服的地方。那时的卢克要想做出明智且友善的选择可就难得多了。能量堡去哪里了呢？

能量堡其实一直都在。卢克已经去过能量堡很多次了，以后他还会经常去那里。因此，现在它一定还在，就在那里。

每当卢克感到不舒服时，他都会迈上返回能量堡的第一步。他对自己说，"卢克，来能量堡吧！"不管卢克在哪里，总有通往能量堡的路。迈上第一步，他离能量堡就更近一些。

我叫_____。我的大脑里有个地方叫能量堡。在这里，我能做出明智且友善的选择。如果我觉得自己不在能量堡里了，我会试着找到它。三个步骤就能来到能量堡的门口。第一步就是对自己说，"_____，来能量堡吧！"

故事 59　来能量堡的步骤

有个地方名叫能量堡。能量堡是个既坚固又安全的地方。每个人的大脑里都有这么一个地方。在这里，人们感到平静，一切尽在掌控中。在这里人们最容易做到最好。

我叫＿＿＿＿＿＿。我的大脑里有个地方叫能量堡。在这里，我能做出明智且友善的选择。如果我感觉不舒服了，觉得自己在能量堡外面了，我会试着再找到它。首先，我要对自己说，＿＿＿＿＿＿，来能量堡吧！假如我找不到这一步，那我就会向我的**团队**求助。

第二步是试着想想能量堡里面的某一个房间。有时，只是想想那个房间，我就可能开始觉得好多了。我可能就会比几分钟之前要聪明多了。假如我找不到第二步，那么我就会向我的**团队**求助。

第三步是走到里面去。一旦进入到里面，感觉舒服了，我就能很好地思考问题了。我或许就能独自解决问题了。或者，我的**团队**也能帮我解决问题。

进入能量堡有三个步骤：

- 说——对自己说，"来能量堡吧！"
- 想——想想能量堡里的某个房间。
- 走——走进能量堡里面。

我有一个叫作能量堡的地方。我自己建造了它。它既坚固又安全。三个步骤就能来到它的门口。

第七章　庆祝活动和礼物

故事 60　应邀参加生日聚会

我收到安吉拉生日聚会的邀请。她马上就要 6 岁了。

为了猜出来我们在安吉拉的生日聚会上会吃些什么，做些什么，我可能要试着想想其他生日聚会的情况。去年，我参加了特蕾西的生日聚会，那次有一个蛋糕。我们玩了游戏。

生日聚会通常都会有蛋糕，那么在安吉拉的生日聚会上，可能会有____。生日聚会通常都会有游戏，那么在安吉拉的生日聚会上，可能会有_____。

安吉拉要过生日了。我应邀参加她的生日聚会！

故事61 我们要去参加一场盛大的家庭聚会 *

我们家族要举办一场假日聚会。去年,我们举办过一场假日聚会。也许能有线索,让我们知道在今年的聚会上我们会吃些什么,做些什么。我的家人正在寻找这些线索,来猜猜今年的聚会能有什么吃的、玩的。

我会和我的爸爸、妈妈、弟弟亨特,以及我们的小狗贾斯珀一起去参加聚会。我们要去朗达姨妈家。希尔外公和外婆、朗达姨妈的男朋友凯文、杰斯舅舅和他的家人,以及罗斯姨妈一家都被邀请去参加聚会。被邀请就是指大家欢迎他们来。可是,有时候临时有事情,可能人家就不能来了。我们到了之后,就能清楚知道都有谁来了。

去年,我们举办了一场盛大的假日聚会。爸爸的电脑里存着去年聚会的照片。爸爸说,什么时候我想看这些照片,就可以看。这些照片能帮我们猜测今年的聚会可能会做些什么。有些事情可能会一样,有些事情可能会不一样。哪怕每年都举办聚会,活动也不会和上一年的完全一样。

去年的聚会有许多吃的东西。有些是大人的食物。我和外婆说,大人的食物看起来很不错,可我不想吃。当然也有不错的儿童食物,还有许多甜品。妈妈猜测今年的聚会会有许多好吃的儿童食物和甜品。去年大家带了包好的礼物。我和亨特都希望这次聚会大家还会带礼物来。我和外公说,我希望他们别把礼物包起来。但外公说很多人就是喜欢包礼物,所以他的猜测是今年他们还是会包好礼物。

去年,我还不认识字。我的任务是把礼物送到每个人手里。虽然我不认识字,但这个任务还是挺简单的。每个礼物的角上都贴着照片。我会看看照片,

---

* 编注:登录华夏出版社官网或关注华夏特教微信公众号,即可免费下载此故事插图。

再把礼物送到照片上那个人的手里。我觉得自己很能干，也很重要。

今年，轮到我的弟弟亨特把礼物送到每个人手里了。去年这件事是我做的，今年轮到我弟弟亨特了。现在我认识字了。妈妈说，虽然我认得卡片上写的是谁送给谁，我还是要保持安静，一定不能说出来。要让亨特看着照片完成任务，那样他就能像我去年一样，感觉自己很聪明，也很重要，这对他很重要。

我的妈妈在电话里和朗达姨妈以及外婆谈了很多事情。她们在为今年的聚会做计划。计划能告诉我们可能会有哪些事情发生。但是有时候，计划也会变。记住这一点很重要。妈妈写下了今年聚会的计划。她说，什么时候我想看看计划，就可以看。

我们家要去参加一场盛大的假日聚会。整个家族的成员都收到了邀请。我们大家都在找线索，以便了解这次聚会吃什么和做什么。我们在照片中找到一些线索。我们在聚会计划中又找到一些线索。今年的聚会照片将为我们明年的聚会提供线索。

故事 62　什么是礼物 *

礼物是一个人送给另外一个人的特别的东西。

在庆祝生日或者节日的时候我们常常送人礼物。

假如我送给妈妈一份礼物,那份礼物就属于妈妈了。

假如我送给爸爸一份礼物,那份礼物就属于爸爸了。

假如我送给朋友一份礼物,那份礼物就属于这位朋友了。

礼物就是一个人送给另一个人的特别的东西。

---

* 编注:登录华夏出版社官网或关注华夏特教微信公众号,即可免费下载此故事插图。

故事 63　礼物为什么很重要

大部分人都喜欢礼物。他们喜欢送给别人礼物，同时他们也喜欢收到礼物。礼物对人们来说很重要，原因有三个。

第一，礼物能帮助人们庆祝，以及分享感情。一件礼物可以表达，"我希望你生日快乐！"或者，"我爱你！谢谢你！祝你好运！"它也可以表达其他的意思。但是，通常礼物意味着好的事情。这就是为什么送人礼物这么有趣、好玩。

第二，收到礼物的人不用自己动手做，也不用自己花钱买。收礼物是免费的。得到免费的东西是件开心的事，尤其是当这份礼物很有用或者很漂亮的时候更是如此。

第三，礼物能帮助人们记住朋友或家人，以及他们一起度过的开心时光。这也是为什么有的人会把收到的礼物保留很久的一个原因。有的人甚至会保留一辈子。

礼物帮助人们分享并且记住开心的时光和美好的感觉。

故事 64　为什么人们要把礼物包起来

许多人在把礼物送出去之前都要把它们包起来。他们为什么要这么做呢？

包装能把礼物藏起来，这有助于保住秘密。等到拆开礼物包装的时候，就是一个惊喜。很多人都认为美妙的惊喜很好玩。

包起来的礼物很漂亮。有时候，包装上用五颜六色的纸、蝴蝶结，或者贺卡。很多人认为，包装礼物是一种隐藏惊喜的好方法。

包好的礼物是庆祝特别的时刻和感情的一部分。

把礼物包起来就藏起了一个惊喜。

故事 65　如何送人礼物

学习如何送人礼物很重要。虽然送人礼物是件好事，但头几次给人送礼物可能会觉得有一点儿别扭。学会如何送人礼物能帮助我们把送礼物变得更容易。

当我送人礼物的时候，我只需要说几句话就可以了。比如，我可以说，"这是送给你的礼物。"还可以再加点别的话，比如，"希望你喜欢。"如果是生日礼物，我可能就会说，"生日快乐！"如果是圣诞礼物，我可能就会说，"圣诞快乐！"如果是新年礼物，我可能就会说，"新年快乐！"

人们在拆开礼物前，通常都会说"谢谢"。在他们还不知道礼物是什么的时候就会说"谢谢"。这是为什么呢？因为大家知道选礼物、包礼物都需要花时间。他们所说的"谢谢"是指，"谢谢你想着我！谢谢你花时间给我选礼物，包礼物！"

有时候，人们一收到礼物就马上拆开。有时，他们会等到晚些时候再拆开。

刚开始的时候，送人礼物可能有一点儿不习惯。学会在送人礼物时怎么做、怎么说能帮助我们克服这种状况。知道对方这时可能会说些什么或者做些什么对我们也有好处。多加练习，送礼物就会变得更加简单、舒服。

故事 66　如何拆礼物

有时候，人们会送我礼物。我正在学习收到礼物的时候我该怎么想、怎么说，以及怎么做。

选礼物需要花时间，有时候还需要花钱。因此，当我收到礼物的时候（甚至在拆开礼物前）要马上说"谢谢"。意思就是说，"谢谢你想着我！谢谢你花时间给我选礼物，包礼物！"

有时收到礼物后马上就拆开是可以的。有时一定要晚点儿再拆礼物。

我拆开礼物后，要记着说"谢谢"。

我正在学习收到礼物的时候我该怎么想、怎么说，以及怎么做。等我收到礼物的时候，我会试着照现在学习的这么做。

故事 67　为什么要等等再拆开礼物

一份礼物里面藏着一个令人开心的惊喜。要等等再拆开礼物可能会有点令人沮丧，特别是对孩子来说更是如此。大人们怎么能这么冷静呢？为什么他们要叫孩子等等再拆开礼物，而不是立刻就拆开呢？

要想明白为什么要等等再拆开礼物，我们可以先了解一下大人此刻的想法。大人在等待拆开礼物的过程中也能获得很多的乐趣，和拆开礼物的时候所获得的乐趣一样多。他们喜欢身边摆满好看的礼物，和大家坐在一起谈话的快乐气氛。

大人可能觉得收到礼物后等一下再拆开是一种礼貌。这就是为什么在许多聚会中，人们都先吃东西、聊天、玩游戏，然后才拆开礼物。

有时候，和送你礼物的人聊聊天比拆开他们带来的礼物要重要。所以，先聊聊天。

通常由大人决定什么时候拆开礼物。可能是现在就拆，但往往是等等再拆。有时候，了解大人此刻的想法就很容易做到等等再拆开礼物。

故事 68　学习在包好的礼物面前保持冷静

包好的礼物常常令人很兴奋。里面可能有好玩的东西。兴奋通常是一种好的感觉。

有时候，人们会告诉一个兴奋的人要等待。这种时候，兴奋可能就有点不舒服了。知道该怎么想、怎么做，以及怎么说可能会有帮助。

记着通常是由大人决定什么时候拆开礼物，这点很重要。很多时候，孩子们可能想要马上就拆开礼物。但是，这时可能并不是拆开礼物的好时候。

知道如何对待一份包好的礼物很重要。学习等到能拆的时候再拆开礼物对我和其他人都有帮助。在等待的时候，找一件事来做能使等待变得更容易。

当身边有份包好的礼物的时候，知道说什么也有帮助。"现在可以拆开礼物了吗？"孩子们问这样的问题没关系。但是，要知道这个问题只能问几次。因为同一个问题问很多遍可能会让人感觉不舒服。

什么时候拆开礼物通常都是由大人决定。如果我想知道为什么我需要等等才能拆开礼物，我可以问大人。

故事 69　有些礼物令人失望

多数时候，礼物是一个令人开心的惊喜。偶尔，礼物也可能令人失望。这种事在人们互送礼物的时候可能会发生。

有时候，失望是一种意外的伤心。一个人满怀欣喜地期望一件好事发生，但是这件好事却没发生。这个人就会伤心，并且会因为自己为这个伤心而感到吃惊。发生这种事的时候，失望就是伤心。而这种伤心来得很快，毫无预兆。

假如收到的礼物是人们不想要的东西，这份礼物就会令人失望。举个例子，查利送给安吉拉一本关于恐龙的书。但是，安吉拉对恐龙没兴趣。她觉得恐龙很无聊。对安吉拉来说，收到一本关于恐龙的书就很失望。

当人们收到一份自己不需要的礼物的时候，也可能会感到失望。举个例子，帕克喜欢石头，而且他收集了许多有关石头的书。帕克从他爷爷那里收到了一份礼物。这份礼物是一本有关石头的书。可是，帕克早就有这本书了。于是帕克感到很失望，因为他不需要两本一样的书。

假如一个人希望收到某份礼物，可实际收到的礼物却是另外一件东西，这份礼物也会使人失望。安吉拉希望在生日的时候收到一个芭比娃娃。当她拆开外婆送的礼物的时候，里面却是袜子。安吉拉看到袜子就可能觉得失望。因为她本来希望收到一个芭比娃娃。

几乎每个人都遇到过对礼物失望的时候。因此，父母要教导孩子收到令自己失望的礼物时该怎么办。这样，当孩子收到让他/她感到失望的礼物时，他们就知道该怎么想、怎么说、怎么做了。

故事 70　假如礼物令人失望，该怎么想、怎么做、怎么说

也许某天，我会拆开一份让我感到失望的礼物。可能在我的生日那天，也可能是在节日的时候。几乎每个人都遇到过对礼物失望的时候。

当一份礼物让人失望时，知道怎么想可能会有帮助。一份令人失望的礼物仍然是一份礼物。某人把它送给我，而这个人希望我能喜欢这份礼物。记住这一点很重要。

当一份礼物让人失望时，知道怎么做可能会有帮助。失望是一种需要我控制好的情绪。这样，我就能小心地对待别人的情绪了。我会试着控制自己的失望情绪，这样就不会伤害别人的情绪了。

当一份礼物让人失望时，知道怎么说可能会有帮助。我会努力说"谢谢"。谢谢别人送我礼物，哪怕这份礼物令我失望。这是一种礼貌。

有些礼物令人失望。学习怎么想、怎么做以及怎么说能帮我控制自己的失望情绪。经过练习，我就能在拆开一份令人失望的礼物的时候不影响别人的情绪了。

第八章　人际交往技巧和友谊

故事 71　如何与人打招呼

与人打招呼的方法有许多种。

当我遇到自己认识的人，特别是一天中第一次见到这个人的时候，我会说"你好"，这样做是友好的表现。他们也会说"你好"。他们可能还会停下来和我聊一聊。

有时人们会握手表示"你好"。初次见面时，人们可能会和我握手。随着我慢慢长大，这样的情况会越来越多。

偶尔，我会去看望亲戚或者好朋友。到达时候的一个简单拥抱也是说"你好"的一种方式。

有时候，从某个我认识的人身边经过，我可能会微笑一下、挥挥手，或者只是点一下头。如果我那天早些时候已经和他/她说过"你好"了，那么微笑、挥手、点头就是说，"你好，又见面了！"这样做是友好的表现。

与人打招呼的方式有许多种。我还可以想到其他打招呼的方式。

故事 72　人们为什么握手

握手有很多原因。

人们初次见面时会握手，或者遇到很久没见面的人时，也会握手。有时人们要离开聚会的时候会握手。当人们对一份合同或计划达成一致时，他们可能会握手表示成交。在这些场合，握手都是友好的表现。

历史学家发现，在英格兰人们几百年前就开始握手这种礼节了。那时候，大人有时会随身携带武器，男人有时把武器藏在左手袖子里面。伸出左手和另外一个人握手，证明两个人都没有携带武器。后来，当携带武器不再常见后，人们就改成用右手握手了。

握手有很多原因。握手已经有很长的历史了，握手很有可能还会继续被人们用下去。

故事 73 如何握手

随着孩子慢慢长大,他们就要学习如何握手。学习这个很重要。大人见面时就常常握手来问候彼此。因此,我正在学习如何与大人握手。

比起孩子来,大人更常握手。可是偶尔,大人也会期望和孩子握手。这就给了孩子练习握手的机会。这样一来,他们在长大前就能学会如何握手了。

为了与人握手,我会试着练习下面五个步骤:

- 右臂向前,伸出右手。
- 抓住对方的手。
- 握住对方的手,并且上下移动我的手。
- 松开我的右手。
- 把手臂收回到体侧。

虽然不常见,但是偶尔也会发生下面这样的情况:一个人伸出手去握手,可是对方的手却在体侧没有伸出来。这可能感觉有些尴尬。假如发生了这样的事,没握到对方的手就放下自己的手也没关系。

了解如何与人握手很重要。对我来说,经过练习,和别人握手就可能变得更容易做好了。

故事 74 两个人的拥抱

有时候两个人会互相拥抱。当两个人同时拥抱对方时就是两个人的拥抱。

两个人的拥抱通常表示,"你好!"或者"再见!"

有时候,人们用这种两个人的拥抱来分享感情。这样的拥抱可能表示,"我爱你。""我们都很开心。"或者,"我们都很伤心。"

当两个人同时拥抱对方时,他们通常:

- 彼此面对面,站得很近。
- 用一只手臂或者两只手臂抱住对方。
- 稍微用力抱紧,但不会很紧。
- 当一方开始松开手臂时,就该结束拥抱了。

有时候,两个人同时拥抱对方。两个人的拥抱是一种分享感情的方式。

故事 75　一个人的拥抱

人们用拥抱来分享感情。有时候，两个人同时拥抱对方。这就是两个人的拥抱。有时候，只有一个人会拥抱另外一个人。这就是一个人的拥抱。一个人的拥抱可能有许多不同的含义。

一个人的拥抱就是一个人拥抱另外一个人。一个人用一只或两只手臂抱住另外一个人。

有时候，一个人的拥抱意味着，"这个人是我的朋友。"孩子们常常这样做。一个孩子会用手臂抱住另外一个孩子。如果另外那个孩子不想和他/她做朋友，这样的拥抱可能就会显得有一点令人困惑了。

有时候，人们会用这种一个人的拥抱来安慰另外一个人，让他/她感觉好受一些。当孩子们很不开心、受伤、不舒服，或者害怕的时候，爸爸妈妈就会用这种方式来拥抱孩子。有时候，这样做起作用，有时候，这样做不起作用。

一个人的拥抱可以指，"加油！"或者"我为你骄傲！"爸爸妈妈经常这样拥抱孩子。有时候，教练也会这样拥抱队员。一个人在进行这种骄傲的拥抱前，或者拥抱完之后，还可能会拍拍对方的背，或者击掌。

一个人的拥抱有许多可能的含义。

故事 76　当轮到我倾听时

　　人们之间会进行交谈。他们进行对话。随着人们成长，他们逐渐就懂得了倾听别人说话的重要性。倾听使得对话对于每个人都变得好玩且有趣。倾听也能帮助人们交到朋友。我正在学习轮到我倾听时，我该怎么做。

　　为了使对话顺利进行，大家轮流说话、轮流倾听。当一个人说的时候，另一个人听。如果两个人同时都说话，这样的情况有时会发生，那么他们就听不清对方在说什么了。轮流说话就不会发生这样的情况。

　　倾听就是听对方说的话，并且考虑这些话的意思是什么。有时候，人们的意思就是说的那样，而有时候，他们想要表达的却不是他们嘴里说出来的那样。这就让倾听变得有难度。事实上，对许多人来说，自己说话比听别人说话要容易。因此，很多人都得努力才能做个更好的听众。

　　当轮到我倾听别人说话时，我会努力去听人们所说的话。我会努力去想这些话是什么意思。我的爸爸妈妈和老师都会随时帮助我学习如何倾听别人说话。

故事 77 感谢别人说善意的话

有时候，人们会说一些有帮助的或者善意的话。当人们说了这样的好话时，对他们说"谢谢"表示，"你说的话对我很有帮助。"或者，"你真好，对我说这些话。"很多时候，对别人说"谢谢"是一种明智且友善的做法。

有时候，别人会帮我的忙。昨天，我问了个有关数学作业的问题。我的同桌悉妮记得这个作业。她对我说，"我们得完成32页上所有的题目。"我对她说，"谢了！"这是说"谢谢你"的简短方式。

有时候人们对我说些很善意的话。上周我生日的那天，我穿了一件新衬衫上学。我的老师说，"生日快乐！衬衫很漂亮！"人们很容易记住自己的生日，可要记住别人的生日就没那么容易了。我对老师说，"谢谢！"

"谢谢！"是一句表达友好的话。它的意思是，"你能这么说真好！"

我会试着在人们对我表达友好的时候对他们说"谢谢"。这样一来，他们就会知道我很喜欢他们对我说的那些善意的话了。

故事 78　感谢别人做的善意的事 *

有时候，别人会帮我做事。在别人帮忙做事以后对他们说"谢谢"就相当于说，"你帮我所做的事情对我很有帮助。"或者，"你真好，给我做了这件事情。"很多时候，对别人说"谢谢"是一种明智且友善的做法。

有时候，别人会帮助我。昨天，玛丽把铅笔借给我用。假如有人帮了我，那么我就要说"谢谢"。

有时候别人会和我分享东西。我在艾登家玩的时候，我们玩的是他的玩具。艾登和我分享了他的玩具。当别人和我分享他/她的东西的时候，我要说"谢谢"。

"谢谢！"是一句表示友好的话。它会让别人知道我喜欢他们为我做的事情。

---

* 编注：登录华夏出版社官网或关注华夏特教微信公众号，即可免费下载此故事插图。

故事 79　学习帮助别人

帮助他人就是为别人做事情。乐于助人是一种善意且体贴的行为。

有时候人们会开口请求别人帮助。我妈妈可能会要我拎一个袋子，因为她需要我的帮助。或者，我爸爸可能会问我一个有关电脑的问题，因为他需要帮助。

还有些时候，人们可能需要帮助，却没有说出来。遇到这样的情况，主动帮忙就是一件很好的事。

我有许多的方法去帮助别人。

故事 80　帮助那些没开口请求帮助的人 *

许多人都需要别人的帮助。他们可能不会开口请求别人的帮助，但他们确实需要帮助。能看出别人需要帮助实在太好了。

当人们难以独自完成一项任务的时候，他们通常会需要帮助。一位推着儿童车的妈妈就难以同时推开一扇门。为她把门打开并用手扶住门就是一种帮助。

当人们第一次做某件事情的时候，他们通常会需要帮助。我的班上新来了一位男生，他之前没有在我的学校里吃过午餐。那么在午餐时间，他可能就需要帮助，从而知道在我们学校怎么领取自己的午餐。

当人们匆匆忙忙赶时间的时候，他们通常会需要帮助。当人们赶时间的时候，他们会希望尽快把事做完。主动提供帮助就能减轻他们的一些工作。

如果我想找一找，看看谁需要帮助，可能就会发现身边到处都有这样的人，做什么事情的都有。因为人们经常需要帮助。

＊编注：登录华夏出版社官网或关注华夏特教微信公众号，即可免费下载此故事插图。

故事 81　帮助那些需要帮助的人最容易

人们经常需要帮助。当人们难以独自完成某项任务的时候，他们可能需要帮助。当人们第一次做某件事的时候，他们可能需要帮助。又或者，当人们匆匆忙忙赶时间的时候，他们也可能需要帮助。

如果我注意到有人需要帮助，我可能会主动去帮忙。我的妹妹刚刚学会怎么系鞋带。她还在练习，她还是要花点时间才能打好结。我几年前就会系鞋带了。我系鞋带的速度很快。偶尔，我会提出帮妹妹系鞋带的请求。我可能会对她说，"你想要我帮你系鞋带吗？"

重要的是要好好听她怎么回答。因为帮助想要得到帮助的人最容易。

当人们需要帮助的时候，他们就会与他人合作。假如妹妹想要我帮她系鞋带，她就会与我合作。她可能就会抬起脚来，这样我就能很容易把她的鞋带系好。或者，她可能会微笑，因为有人主动提供帮助。合作是一种线索，暗示她很高兴让我帮助她。

大部分时候，帮助那些想要得到帮助的人最容易。

故事 82　帮助一个不想被帮助的人可能很难

人们通常会需要帮助。当人们难以独自完成某项任务的时候,他们可能需要帮助;当人们第一次做某件事的时候,他们可能需要帮助。又或者,当人们匆匆忙忙赶时间的时候,他们也可能需要帮助。

如果我注意到有人需要帮助,我可能会主动去帮忙。我认为数学简单,我的弟弟觉得它难。偶尔,我会提出帮他做数学作业的请求。我可能会对他说,"你想要我帮你做数学题吗?"

重要的是要好好听他怎么回答。因为帮助一个想要得到帮助的人最容易。

我弟弟可能不想让我帮他。他可能会说,"不。"摇头表示不需要,或者走开也表示不需要帮助。任何这样的动作都表示他现在不需要我的帮助。而有时,弟弟可能希望有人帮做数学题。

不想要别人帮助的原因有许多。我弟弟可能想要自己完成数学作业,这样会感觉自己长大了。也许,弟弟是想要妈妈或者爸爸帮他。

当我主动提出帮助别人而别人说"不"时,这个没关系。只要那个人没处在危险当中,我们可以走开去做其他的事情。有时候,当人们主动要帮助别人却被拒绝的时候,他们会有些伤心。假如我主动帮助别人却被拒绝了,我可能会觉得伤心。但是,知道还有其他人需要我的帮助,我可能会感觉好多了。

有时候,人们需要帮助,却不想要别人的帮助。在这样的情况下,聪明的做法就是去做其他的事。还有许多其他的人需要帮助,而且也愿意接受我的帮助。

故事 83　什么是分享

我正在学习如何与人分享。有时候别人会要我分享。我妈妈可能会要我分享一个东西。我爸爸可能会要我分享一个东西。同学也可能会要我分享一个东西。了解什么是分享，以及为什么大家会分享东西，这会让分享变得更容易。

有时候，一份就是指某个东西的一部分。如果谁有个大大的巧克力蛋糕，有十二个人想吃，那么每个人就得到他们的一份。他们得到的那一块蛋糕就是他们的那一份。而且，如果每一份都一样大小，那就是公平分享了。

虽然一份是某个东西的一部分，可是每一份并不总是相同的东西或者一样大小。分享午餐就是这种情况。我的午餐可能是一个三明治、一个苹果，还有一包饼干。如果我决定只吃三明治和苹果，而把饼干给同学吃，那么我就是在分享我的午餐。

人们还能分享那些不能被分成几份的东西。四个孩子坐在一张沙发上，那么他们就是在分享沙发。

人们还能通过轮流做某件事来进行分享。我家里的人公用一台电脑。每个人用电脑做不同的事。妈妈有时候用电脑找食谱。妹妹用电脑做作业。我们不能同时都用电脑。所以，每个人轮流使用电脑。

随着孩子们慢慢长大，他们要学习分享。很多孩子发现分享是一件很美好的事情。分享也有助于交朋友。我爸爸妈妈曾经也是孩子。当他们慢慢长大，他们学会了分享。他们能为我解答有关分享的问题。

随着我慢慢长大，我会努力学习更多有关分享的知识。

故事84 什么是尊重

我正在学习有关尊重的知识。尊重就是和别人相处时要细心、体贴。人们用善意的语言和行动来表示尊重。尊重让每个人都觉得自己受欢迎，觉得舒服且安全。

在家里，父母和孩子之间用善意的语言和行为体现对彼此的尊重。尊重有助于家人感觉舒服且安全。

在学校，老师和学生之间用善意的语言和行为体现对彼此的尊重。尊重有助于班级里的每个人都感觉舒服且安全。

和别人相处的时候，我会试着做到细心、体贴。我会努力做到说话有礼貌，行为友善。我会努力做到尊重别人，使每个人都能感觉到受欢迎、舒服且安全。

故事 85　用尊重的语气说出我的想法

我正在学习有关尊重和感觉的知识。所有的孩子都有自己的感觉。大人常常教孩子们说说自己的感觉。学习如何告诉别人自己的感觉是一项重要技能。学习如何用尊重的语气把自己的感觉说出来是下一步的学习内容。

通常，当孩子们感觉愉快、舒服的时候，他们会比较容易用尊重的语气来交谈。我可能也是这样。当我高兴时，我很容易就能用冷静的语气、合作性的词语来交谈。同时，我的谈话也充满尊重。

有时候，孩子们感觉沮丧或者生气。这种情况下，要他们用尊重的语气说话就有些困难。重要的是要把这些感觉告诉别人。但是，同样重要的是要用冷静的语气、合作性的词语来告诉别人自己的感觉。这需要一些练习。

我有自己的**团队**。我的妈妈爸爸和老师都是我的**团队**成员。假如我不开心，或者感到沮丧，我的**团队**成员会帮我用尊重的语气来谈谈我的感觉。

随着我慢慢长大，我会有感到生气、沮丧的时候。我的**团队**成员会帮我一起练习，让我在感到生气时也能对别人表现出尊重。

故事 86　用尊重的语气重新说一遍

我正在学习有关尊重的知识。很多孩子都会在尊重方面犯错误，也就是蛮横无理。他们可能用了不礼貌的语气或者词语。这样做会伤害别人的感情，或者会让别人感觉受侮辱或者生气。

用尊重的语气交谈需要技巧。这也是为什么孩子们有时候会在尊重方面犯错误。孩子们需要好好思考这个问题，多多练习用尊重的语气与人交谈。

假如孩子在尊重方面犯错误时，大人能帮他们改正。当大人听到孩子用不尊重的语气说话，或者用词不礼貌时，他们要保持冷静，然后对孩子说，"请用尊重的语气重新说一遍。"这样就给了孩子重新思考并重来一次的机会，他们可以用冷静的语气、合作性的词语重新说一遍。

当大人对我说"请用尊重的语气重新说一遍"时，我就会好好想一想，然后，再用冷静的语气、合作性的词语重新说一遍。这样的话，一起工作、学习的所有人就都会觉得安全、放心。

 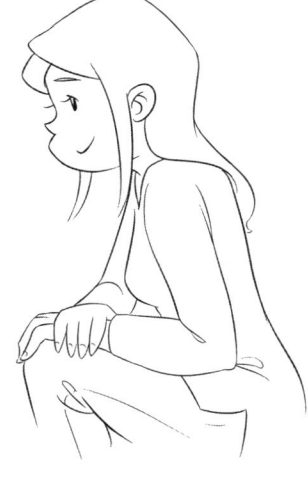

故事 87　穿过人群时要说"借过"

　　偶尔，我会走进人群。人群就是许多人共享一个空间。很多时候，一大群人必须彼此站得很近，才能分享有限的空间。这样一来，想要穿过人群到达另外一边就有点难了。

　　举个例子，上周我们电影院放了一部热映的大片。爸爸和我去看了。我们早就买好了票，但是还想买爆米花。当时电影院的走廊里有许多人在等着开门。卖爆米花的在走廊的另一侧。对我来说，这个是练习穿过人群时要怎么说、怎么做的好机会。

　　开始我朝卖爆米花的方向站好。然后，我说："借过，借过。"大家就开始往两边移。所以，我就说"谢谢"。我慢慢地前进。我每走几步就要说"借过，借过"。一路上，我就只要友善地低声说出来就行了。这样的声量适合用在拥挤的电影院走廊。微微一笑似乎也一样有用。

　　这样，我走在前面，爸爸跟在我后面，我们一次走几步，慢慢走到了卖爆米花的位置。爸爸说，他为我在电影院练习了使用"借过"而骄傲。看到这个方法起作用了，我也觉得很骄傲。

故事 88　学习嚼口香糖

我正在学习怎样嚼口香糖。

有时候，口香糖包在纸里面。这样更干净卫生。把口香糖放进嘴里之前要先把它从包装纸里取出来，这个很重要。有的人会留着包装纸，等到口香糖嚼完后使用。

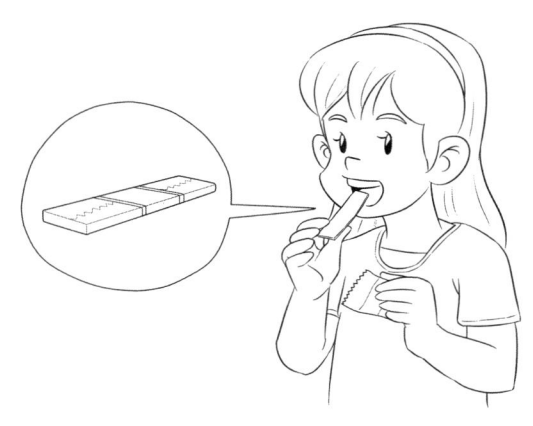

口香糖嚼完后就要扔掉。当我嚼完口香糖后，我会把它扔进垃圾桶里去。

很多人，比如我的妈妈、爸爸、爷爷、奶奶，他们都知道应该怎样嚼口香糖。如果我对嚼口香糖有不懂的地方，他们可以帮我。

故事89　三条重要的嚼口香糖礼貌

嚼口香糖很好玩。了解嚼口香糖的礼貌对我和那些不嚼口香糖的人来说都有好处。

有三条重要的嚼口香糖礼貌。这很重要，因为这些礼貌能让嚼口香糖看上去不那么恶心。还有，嚼口香糖礼貌保证了口香糖在它该在的地方。这样它就不会弄得一团糟了。

第一，口香糖是用来嚼的。在我打算扔掉之前，口香糖应该一直留在我的嘴里。有时候，有人会把口香糖放嘴里嚼一嚼，然后吐出来，然后又放回嘴里接着嚼，并且反复这样做。这样做不对。这样做很不卫生。在我嚼完之前，我会尽量让口香糖一直留在我的嘴里。

第二，嚼口香糖时要闭着嘴嚼。这对别人有好处。很多人并不想看到别人嘴里嚼着的口香糖。看这个有些令人恶心。这就是为什么嚼口香糖的人尽量闭着嘴巴嚼。当我要嚼口香糖时，我会想着它在别人眼里是怎样的，这样我就会闭着嘴嚼了。

第三，口香糖嚼完以后怎么处理。就是说怎么样丢掉嚼过的口香糖。嚼过的口香糖应该丢到垃圾桶里。口香糖黏糊糊的，如果随便乱丢，就会粘到它碰到的东西上面。有时候可能是某人的鞋子。有时候可能是某人的衣服。为了防止口香糖粘到别人身上，或者粘到其他东西上面，重要的就是用正确的方法丢掉口香糖。

如果全世界的人都遵守这三条嚼口香糖礼貌，就不会有人因为看到别人嘴里嚼的口香糖而恶心了，也不会有口香糖粘到别人身上了。我会努力记住并遵守这三条重要的嚼口香糖礼貌。

故事 90　嚼完口香糖后我该怎么处理

口香糖嚼完以后，最好的做法是用一小片纸把它包起来，然后再丢掉。

有时候，人们在嚼口香糖时会把口香糖包装纸留在口袋里。嚼完以后就用原来的包装纸把嚼过的口香糖包起来丢掉。这是个不错的方法。

如果人们手里没有纸，直接把嚼过的口香糖丢进垃圾桶里也是可以的。

当我嚼完口香糖后，我会试着把它包起来，再丢进垃圾桶里。

故事 91　靠运气定输赢的游戏

有时候，孩子们会玩纸牌游戏或者桌游。很多孩子都喜欢玩游戏。我正在学习如何玩游戏，学习在玩游戏时如何保持冷静，如何控制自己的情绪。有些游戏是靠运气定输赢的。

一款靠运气定输赢的游戏，就是指玩家没办法决定输赢的游戏。输赢全凭运气。

糖果乐园是一款靠运气定输赢的游戏。孩子或者大人玩糖果乐园能赢是因为他们选的牌好，这使得他们能第一个到达终点。他们不需要考虑正确答案是什么，或者怎么做才能赢。他们能赢就是因为他们的运气好，选到了好牌。

在玩靠运气的游戏时，很多孩子都学会了不论输赢都要保持冷静。这样的话，其他人就会还想和他们一起玩游戏。

有时候，我也玩靠运气决定输赢的游戏。有时候我可能会赢。有时候我可能会输。输赢不在于我怎么玩，不能由我决定。这个全凭运气。在玩靠运气定输赢的游戏时我会试着保持冷静，并控制好自己的情绪。

故事 92　靠技术定输赢的游戏

很多孩子都喜欢玩游戏。他们可能喜欢桌游，也可能喜欢纸牌游戏，或者团队运动。我正在学习如何玩游戏，学习在玩游戏时如何保持冷静，如何控制自己的情绪。有些游戏是靠技术定输赢的。

靠技术决定输赢的游戏是指玩家会使出自己的看家本领来赢的游戏。象棋就是靠技术决定输赢的游戏。奥运会也是。玩家靠自己的技术来赢得这些比赛。运气可能也起点作用，但是技术才是最关键的。

很多时候，非常聪明且技术娴熟的选手也会输。他们尽量保持冷静、理智。他们试着从自己的错误中学习，这样他们下次就可能赢得比赛。

团队运动的输赢要同时靠技术和团体合作决定。参与者们为了共同的目标而努力。比如，篮球运动中的投篮和垒球赛中的本垒打。

有时候，我可能会玩靠技术定输赢的游戏。不管是自己一个人还是作为团体中的一员，我会努力去赢。有时候，我可能输。不管输赢，我都会试着保持冷静，并控制好自己的情绪。

故事 93　输了游戏却赢得了朋友

孩子们经常玩游戏。有时候我和别人玩游戏。我可能会赢。有时候，其他人会赢。这是玩游戏时的常事。

赢了游戏的感觉很好，这种感觉容易控制。输了游戏就比较难应对了。了解输掉游戏时如何面对有助于维持友谊。

孩子们玩游戏的时候，他们想要安全且舒服的感觉。玩游戏的时候要是某个人突然不高兴，发脾气了，可能会有点吓人。这样也不好玩了，还会让人觉得很不舒服。为此，保持良好的情绪既能交到朋友，又能维持友谊。

随着孩子慢慢长大，朋友会变得非常重要。所以，孩子要学习如何看待自己输了游戏，如何表达自己，从而控制好自己的情绪。

首先，这里有几点可以帮助孩子在输了游戏的时候控制好自己的情绪：

- "我以后还能和其他孩子再玩这个游戏。"
- "好吧，我在玩游戏时很开心。"
- "我下次可能会赢。"

孩子还可以通过想点其他的事来控制好自己的情绪。

其次，输了游戏的时候，孩子可以学着说：

- "你赢了！"
- "好游戏！"
- "干得好！"
- "天哪，我还以为我要赢了呢。"
- "我们再玩一次吧。"

当然还有许多其他友好的话可说。

最后，孩子要学习如何输了游戏却赢得友谊。他/她可以：

- 慢慢地深吸一口气。
- 要求再玩一次。
- 和赢家说他/她玩得不错。
- 选件其他什么事情来做。

重要的是要控制好自己的情绪。

我会努力练习怎么想、怎么说以及怎么做，以便能输了游戏却赢得友谊。

故事 94　游戏结束后

很多人都喜欢玩游戏。多数时候，有人赢了，游戏就结束了。"我赢了！"往往也意味着游戏结束了。

玩游戏的过程很有趣。游戏结束了也挺不错。这样，人们就可以去做其他的事情了。

偶尔，有人赢了是非常好的一件事。大家都玩得有些没劲了，所以，游戏结束了他们会很高兴。终于，他们可以去做其他事情了。有时候，一个人赢了游戏，但每个人都很高兴，好像是每个人都赢了一样！

可是，有时候，某个游戏真的很好玩。突然，有人赢了，这个游戏就结束了。这个没关系。有人可能会说，"我们再玩一次吧！"

多数时候，有人赢了，游戏就结束了。大家就可以随便去做其他的事情了，或者可以再玩一次。

第九章　欺凌：怎么想、怎么说、怎么做

故事 95　欺凌简介

该怎么想、怎么说、怎么做

这一章很重要。这一章的所有**故事**都告诉我要如何应对欺凌他人的孩子。这些**故事**告诉我在学校里如果有人想要欺凌我，我该怎么想、怎么说、怎么做。

大多数学生都很友善。他们希望所有人都能在校园里感觉安全和舒服。大多数时候，友善的学生说话都会表现得很友好。大多数时候，友善的学生都尽量遵守规则，并乐于助人。但有时候，这些学生在交往中也会犯社交错误。他们可能忘记了要和人分享。有时候，友善的学生也不遵守规则。但是很快，他们就会想要把事情做对。大人会帮助他们从自己的社交错误中学习经验教训。

还有一些学生却想着欺凌其他人。这些人是相对少数。他们想要伤害别人的身体，损坏他人的财物，伤害别人的感情或者友谊。这些学生犯了很严重的社交错误。他们失去控制了。

这一章会帮助我建立一个**团队**。我和我的**团队**将要了解那些想要欺凌别人的学生。我的**团队**会帮助我，教我在遇到别人想要欺凌我的时候，该想些什么，说些什么，以及做些什么。我们将一起学习并练习。一起努力让我在学校的每一天都过得安全且舒服。

故事 96　什么是校园欺凌

有些学生会欺凌其他学生。他们让别人觉得不舒服、害怕或者伤心。他们欺凌那些比他们个子小的，或者比他们体力弱的学生。我怎么能知道别人想要欺凌我呢？如果有以下情况，那么就有可能是欺凌：

- 对我说不友好的话、骗人的谎话，或者让我感到害怕的话。
- 用不是我的名字的称呼来叫我，或者用很不友善的称呼来喊我。
- 写些不友好或者让我感到害怕的话。
- 伤害我的身体，比如，打我、绊我、踢我，或者推搡我。
- 告诉其他学生不要和我说话，或者不要和我玩。
- 吩咐我做大人不会叫我做或者不希望我做的事情。
- 叫我给他们钱，并且告诉我不能和大人说。
- 故意一遍又一遍地犯同一个或者类似的错误。

还有许多其他的欺凌人的方法。没人能准确预知什么时候有人要欺凌别人。没人能准确预知学生在试图欺凌别人的时候会做什么。我们能肯定的是欺凌别人的学生失去了控制。

遇到别人想要欺凌自己的时候，重要的是要知道该怎么想、怎么说以及怎么做。这样一来，不管欺凌人的学生想要做什么，我都准备好了。

故事 97　什么样的学生想欺凌别人

校园欺凌会给人带来巨大的困扰。多了解一些情况对我们有帮助。欺凌人的学生可能是男生，也可能是女生。欺凌人的学生可能会比我大，也可能比我小。欺凌人的学生可能是一个人，也可能是一伙人。欺凌人的学生可能会：

· 做出使其他学生笑的事情。

· 做出使大人觉得不开心或者生气的事情。

· 做出我知道是错误的事情，或者我猜测可能是错误的事情。

· 做出不友好的表情，或者说些不友好的话。

· 做出友好的表情，但是说出来的话却是令人困惑的话。

假如我对欺凌有疑问，或者感到困惑，聪明的做法是从大人那里了解更多的信息。很多年前，大人也是孩子。他们记得那些欺凌他们的学生。大人会帮我判断是否有人想要欺凌我。

故事 98　我的团队

我知道有些大人非常关注校园欺凌问题。他们在我的**团队**里。我的**团队**会和我一起努力，以确保我的学校和社区对我来说是安全且舒服的地方。我是这个**团队**里重要的一员。我们会共同努力。我的**团队**会帮我完成这个章节。下面是我和我的**团队**的照片。我**团队**里的成员会把自己的名字印在他们自己的照片下面，或是签上自己的名字。

有时候，当我的**团队**不在我身边的时候，有学生可能想要欺凌我。有时候，我的**团队**里只有一个人在我附近，却看不见的时候，也有学生可能想要欺凌我。我要学习如何应对别人的欺凌。我可以学习怎么想、怎么说以及怎么做。

当有学生想要欺凌别人的时候，这就是有欺凌的企图。阅读**故事** 99 ~ 101，并完成所有的练习可以帮助我们学会应对欺凌企图。

我的**团队**正在进行多方面的努力，以确保我的学校对所有学生都是安全且舒服的地方。他们忙着学习研究新的应对校园欺凌的方法。就算是大人也要学习新技巧。在这一章的后面，我的**团队**会列出他们学到的东西。他们还会列张表，说明他们正在做的事情。他们想要我们的学校和社区对所有学生来说都是安全且舒服的地方。

第九章　欺凌：怎么想、怎么说、怎么做 | 155

故事 99　面对欺凌该想些什么

在别人企图欺凌的时候，有三个步骤来应对：

步骤一：冷静地想想欺凌的真相是什么，并且冷静地想象一幅平静的画面。

冷静地想想欺凌的真相是什么

真相就是真实可靠的信息。想想欺凌的真相可能会帮助学生保持冷静。假如有人欺凌我，想想欺凌的真相可能会帮我保持很好的自控。欺凌的真相有很多。这里有三条：

· 我成了这次欺凌的目标，这并不是我的错。
· 想要欺凌我的学生失控了。
· 我并不是唯一受欺凌的学生。

我可以选择。选择记住这三条中的一条、两条，或者三条都记住，并把它写在下一页的空格里。

冷静地想象一幅平静的画面

假如有人欺凌我，想象一幅平静的画面有助于我保持冷静和很好的自控。我可以在下面的空格里描述或画出一幅平静的画面。

一位团队成员会帮我练习应对欺凌的步骤一。

步骤一：冷静地想想欺凌的真相是什么，并且冷静地想象一幅平静的画面。

故事 100　面对欺凌该说什么，怎么说

面对欺凌，有三个步骤。

步骤一：

_____

_____

_____

_____

步骤二：说好一句话。

知道该说什么，以及怎么说能帮学生保持很好的自控。

说什么

我可以从以下三句话中选择一句。我会选择最容易说，也是最能表达我的感觉的一句话。这句话要写在对话框里。这句话就是我面对欺凌的时候要说的一句话。

- 我听到你说的话了。
- 我要你停下来。
- 我不喜欢这样，快停下来。

我可以选择。我可以选出一句话，然后把这句话写在下面的对话框里面。

当我说出这句话的时候,欺凌我的学生可能还是在说个不停。当一个人失控的时候,就会发生这样的情况。我说完自己想说的那句话,就可以了。我就可以走开了。躲开想要欺凌自己的人是正确的做法,哪怕那名学生还在说个不停也没关系。这样,我就不会犯错误,并且能控制好自己。

如何说

我有真相和平静的画面帮助自己保持冷静。我还有一句话可以说给对方听。当我说这句话的时候,我会试着:

- 控制好我身体的每个部位。
- 抬起头,身体站直。
- 控制好语音、语调,保持稳定。
- 保持安全距离。
- 说完这句话就走开。

要学会说什么以及怎么说需要练习。一位团队成员可以帮助我进行练习。

步骤二:说好一句话。

故事 101　面对欺凌该做什么

面对欺凌，有三个步骤。

步骤一：
_____

步骤二：
_____

步骤三：向我的**团队**成员报告欺凌企图。

为了帮助自己保持很好的自控，了解为什么要报告欺凌企图、报告些什么内容、如何报告欺凌企图以及向谁报告等，这些很重要。

我会在下面的箭头形状的空框里写一个名为"向**团队**成员报告欺凌企图"的报告。

为什么报告欺凌企图很重要？

报告能使人知道在其他地方发生的重要事件。当有人想要欺凌别人的时候，往往大人都不在场。有时候，大人可能在，但是没有看到。我的**团队**和我会一起制订这类报告的计划。计划将包括报告内容，我要如何报告，以及谁会收到我的报告。

报告内容

就像新闻记者那样，所有的学生都要学习如何将欺凌企图准确地报告给大人。这一点非常重要。一份好的报告包括：

- 欺凌事件发生的地点。
- 欺凌事件发生的时间。
- 是谁想要欺凌别人。
- 在这次欺凌事件中都说了什么、做了什么。

如何报告

我的**团队**和我将制订报告欺凌的计划。这份报告要及时、实事求是，而且要对**团队**里的每个人都适用。

最好的报告时间是在欺凌事件刚刚发生后。这样，就最容易记住所有的事实，能描述清楚事件的过程。这个非常重要。

最好的报告要实事求是。实事求是的报告会用真实的句子描述欺凌发生的地点、时间，做出欺凌举动的人，以及他们都说了哪些话、做了哪些事。被欺凌的学生应离开欺凌现场，并尽量马上向**团队**成员报告发生的事实。

计划的第一步要确定学生如何向自己的**团队**报告欺凌企图。有些学生通过交谈来向自己的**团队**成员报告欺凌事件。有些学生给**团队**成员写出事件过程。有些学生填写一张报告表来报告欺凌事件。每个**团队**都有自己的最佳计划。我和我的**团队**将填写下面计划书的上半部分。这是我们的计划的第一部分。

我们的计划的第二部分要确定向谁提交我的报告。我**团队**里的每位成人都知道接到我的报告以后要怎么帮助我。有时候，一位**团队**成员病了，或者不在，这个没关系。**团队**里的其他成员还在。他们的名字按顺序列在一张表上。我会把报告交给排在这张表上最上面的人。如果这个人不在身边，那么我会试着把表格交给排在下一位的**团队**成员。以此类推。重要的是要把事情报告给我的**团队**成员。

我团队的欺凌事件报告计划

我会试着：　　　　　　　　　　**团队成人成员会试着：**

1. 立刻报告欺凌事件。　　　　　1. 立刻倾听或者读我的报告。

2. 在报告欺凌事件时使用事实。　2. 弄清楚事实，如果这有必要的话。

3. 在报告欺凌事件时采用以下方法：　3. 采取行动，进行帮助。

_____

_____

我会把报告交给：

1. _____。假如他 / 她不在，我会把报告交给

2. _____。假如他 / 她不在，我会把报告交给

3. _____。

故事 102　关于如何回应欺凌事件，我的团队学到了什么

我的团队做的事实报告：

_____

_____

_____

团队成员在上面签字

这部分由团队成员中的成人来完成。

我的团队已经学到了很多有关如何应对欺凌的知识。比如，团队里的成人学到了：

1. _____

　　_____

2. _____

　　_____

3. _____

　　_____

我的**团队**正在努力让我们的学校和社区变成对所有学生来说都是安全且舒服的地方。他们付出的努力有：

1. _____
   _____

2. _____
   _____

3. _____
   _____

这部分由_____**完成。**

我的**团队**已经学到了很多有关如何应对欺凌的知识。我学会了应对欺凌的三个步骤。

步骤 1：_____
_____

步骤 2：_____
_____

步骤 3：_____
_____

我和我的**团队**已经学会了应对欺凌的三个步骤。现在，我们可以一起来填写 155 页的表格。

全世界的人都在学习如何应对欺凌。有些人通过完成练习册上的练习来学习。人们都在一起学习。看看我的**团队**都学会了什么！我们会一起不断练习。

第十章　理解大人

故事 103　大人是不断长大的孩子

　　随着孩子们渐渐长大，他们明白了很多大人的事情。我现在还是个孩子。我在学习有关大人的事情。明白了大人，在和他们相处的时候就容易多了。

　　大人就是年龄大些的人而已。他们曾经也是小孩子。要不是已经生活了那么久的话，他们也还是小孩子。对此他们也无能为力，要不要成为大人并不由他们决定。这不是他们选择的。他们只是在不断长大。

　　有时候，把大人看作很大很大很大的孩子对我们理解他们很有帮助。孩子们喜欢有趣的事情，大人也是这样。小孩子喜欢吃自己爱吃的食物（零食恐怕不能算作食物哦），大人也是一样。小孩子喜欢玩，大人也一样喜欢玩。小孩子有不同的感觉，大人也一样。把大人看作很大很大很大的孩子，这能帮我记着每个大人曾经都是小孩子，就像我现在这样。我要是记着大人也曾经是小孩子的话，理解他们就容易多了。

　　有一天，我也会成长为大人。我正在成为大人的道路上前进，每过一天就离大人近了一些。一直到我自己成为大人之前，我都要记着，大人曾经也是小孩子。这样我理解大人就更容易了。

故事 104　学习尊重大人

大人在我出生之前就在了。他们的出生日期比我的要早很多。

小孩子要明白大人就是大人。明白这一点很重要。大人在这个世界上生活很久了。大人读过的书比我们多，学习过的东西比我们多，学会的东西也比我们多。因此，大多数事情都是由大人决定的。这就是地球上的生活。

有时候，小孩子希望他们自己能做大人的决定。大人在他们自己还是孩子的时候也曾经这样希望过。现在他们是大人了，他们知道做决定是多么不容易的事情。明白这一点能使小孩子更容易做到尊重大人以及他们做出的决定。

我是个孩子。我正在学习有关大人的事情。大人在这个世界上生活很久了。他们有许多的经验。他们知道很多事情。我要试着尊重大人，并且尊重他们做出的决定。

故事 105　大人是不是什么都知道呢

在孩子的眼里，大人好像什么事情都知道。大人知道早起该如何做好一天的准备。他们知道如何开车。大多数大人不需要查看书籍或者互联网，就知道如何度过每一天。

在孩子的眼里，大人好像总是知道该做什么。可实际上大人也有糊涂的时候。他们开车的时候也可能拐错弯，或者对着海伦喊："嗨，伊芙琳！"他们可能也会有不知道怎么解决问题的时候。多数时候，这些都没有关系。任何人都有糊涂的时候。

其实，大人也不是什么都知道。但是多数大人知道在哪里能找到他们需要的信息。他们知道去哪里寻求帮助。知道在哪儿能找到信息，或者怎么获得帮助。这个需要练习才能做到。有些大人比其他大人在这方面要做得更好。

有时候，大人似乎什么都知道。但事实上，大人也有不知道的事情。这个没关系。

故事 106　爸爸妈妈为什么要养育孩子

当爸爸妈妈有足够的能力的时候，他们就会考虑养育孩子。在这里，"足够的能力"是指他们拥有养育孩子所需要的一切条件。

怎么照顾小宝宝有很多的学问。爸爸妈妈们知道如何保证宝宝的安全，如何喂宝宝吃饭，以及怎么给他们换纸尿裤和衣服。爸爸妈妈们还知道什么时候该让宝宝睡觉了。爸爸妈妈们知道如何照顾宝宝。

怎么照顾小孩子有很多的学问。爸爸妈妈们知道如何保证小孩子的安全，应该给他们吃什么，以及如何教他们上厕所、洗澡。爸爸妈妈们知道什么时候该说"可以"，什么时候该说"不"。他们知道怎么讲睡前故事。爸爸妈妈们知道如何照顾小孩子。

怎么照顾大孩子有很多学问。爸爸妈妈们知道如何保证大孩子的安全，怎么送他们去学校以及去参加其他的活动。爸爸妈妈们知道的足够多，所以他们知道什么是可以做的，什么是不可以做的。爸爸妈妈们知道如何照顾大孩子。

爸爸妈妈们爱他们的孩子。非常爱他们。在养育孩子这件事上，爱非常非常重要。

祖父母也非常清楚如何养育孩子。很多年前，是他们养育了今天的爸爸妈妈。他们知道如何爱孩子，如何养育孩子。但是，由于祖父母年纪大了，他们很容易就累了。有时候他们精力很快就用完了。精力就是有足够的能量和力气来持续做事情。父母往往比祖父母更有精力。

爸爸妈妈们因为具备了足够的能力，所以他们才养育孩子。在这里，"足够的能力"是指他们拥有养育孩子所需要的一切条件。

故事 107　大人做很多重大的决定

大人要做许多的决定。有人认为最大的决定是那些为其他人做出的决定。爸爸妈妈们是大人。他们要为自己的孩子在许多事情上做决定。老师是大人。他们要为自己的学生在许多事情上做决定。

随着孩子慢慢长大，他们也要为自己做越来越多的决定。小宝宝不能做什么决定，蹒跚学步的孩子能做一点点的决定，学前孩子能做的决定会多些，以此类推。十几岁的孩子能做的决定比他们小的时候能做的多多了。但还是不及长成大人后能做的决定多。

大人们每天都要做出重大的决定。大人们决定什么时候他们的孩子可以吃零食或者糖果。他们决定孩子们是否能在完成作业前玩游戏。老师们决定怎样能最好地帮助学生。大人们能做决定的事情很多很多。

孩子可以帮忙一起做决定。有时候，当大人在思考问题的时候，孩子保持安静就是一种帮助。有时候，大人在做决定前也会问问孩子的想法。比如，大人会问孩子他/她想去哪里度假。当大人做出一个重大决定的时候，孩子尊重大人的决定就是一种帮助。

每一天，大人都要为其他人做出很多决定。做决定的时候孩子也可能会帮得上忙。

故事 108　不好玩也要做的事情

我正在学习要有责任心。能完成可能不好玩但必须做的事情就是有责任心的表现。

有些事情很有趣、很好玩。很多人都觉得看一部很棒的电影是一件有趣的事情。例表 A 列出的是我喜欢的三件有趣的事情，以及我为什么喜欢做这三件事。可能要大人帮忙。

列表 A：有趣的事情

1. _____

    我喜欢这件事，因为_____

2. _____

    我喜欢这件事，因为_____

3. _____

    我喜欢这件事，因为_____

有些任务可能不好玩，但是却必须完成。很多人觉得扔垃圾不是件好玩的事情。可是这件事必须要完成，否则，我们的家里就会像垃圾一样难闻。列表 B 用来列出不好玩但必须做的三件事情。

列表 B：不好玩但是必须完成的任务

1. _____

我必须做这件事，因为_____

2. _____

我必须做这件事，因为_____

3. _____

我必须做这件事，因为_____

有时候，大人们认为孩子必须先完成列表 B 里的任务，然后才能做列表 A 里的事情。这个是大人的决定。这也是在教孩子要有责任心。

我在学习要有责任心。当大人决定了哪项任务必须完成时，我就会尽力先完成这个任务，然后再做列表 A 里的事情。

故事 109　好玩的结束了

有时候父母会和孩子一起开始做一件好玩的事情。有时候孩子自己找到了一件好玩的事情来做。

但是，任何好玩的事情都有结束的时候。大人们已经习惯了这个事实。所以，遇到这样的事情，他们能比孩子处理得好。但是，孩子们也能慢慢地学会如何结束好玩的事情。

要是能提前知道一件好玩的活动马上要结束了，我们就可以很好地面对这件事的结束。所以，大人可以说，"再过几分钟，我们就要把玩具收起来啦。"这就意味着游戏要结束了，但不是马上结束。

几分钟过去了。大人就可以说，"刚刚的游戏真好玩，可是现在结束了。"这句话很特别。这句话的意思就是说，好玩的活动结束了，是时候要把玩具收起来了，该去做另外一件事或者完成另外一项任务了。

有时候，孩子只要想想，以后还有机会玩这个游戏，就能帮助他们保持冷静与合作。他们的想法也是正确的，以后还是有机会玩这个好玩的游戏的。

"刚刚的游戏真好玩，但是现在结束了。"当我听到这句特别的话时，我就会尽力想着以后还会有游戏的时间。当一个好玩的活动结束了，我会努力保持冷静与合作。

故事 110　请快点儿 *

家长们经常说："快点儿！"他们到底在想什么？在一天中不同的时段，"快点儿"可能是什么意思呢？

在教学日的早晨，"快点儿"可能表示："我不想你迟到……"或是"该上学了，请走得再快些！"

"快点儿"偶尔也可能表示要用另一种方法完成一项活动，就好像是到车里吃面包而不是在厨房餐桌前吃一样。

在家时，自由时间里的"快点儿"可能表示现在就过来。是时候离开一项活动了。

有时候，家长们会说："快点儿！"知道"快点儿"的意思能让我更轻松地听从他们的要求。

---

* 编注：登录华夏出版社官网或关注华夏特教微信公众号，即可免费下载此故事插图。

故事 111　许可

孩子们有很多的想法。他们对自己想做的事情有很多的想法。但孩子的想法能不能实施，可能要由大人来决定。这种时候，孩子需要得到大人的许可才能实施自己的想法。

许可是大人给孩子的，但它并不是一件东西，如玩具、巧克力。许可是指大人同意孩子去实施一个想法。有时候孩子们能得到大人的许可，有时候他们得不到大人的许可。

这里有两个例子：

安托万有一个想法。他想把他的仓鼠贾斯珀带到外面去玩。但是，这个想法要由他的妈妈决定是否可行。因此，安托万问妈妈，"我能把贾斯珀带出去吗？"他妈妈说，"现在不行。""现在不行"的意思就是说，"不，现在这个时间不能带出去。"仓鼠贾斯珀现在就只能待在家里了。

布鲁克林想摘一些花。她问爸爸，"我可以从花园里摘一朵花吗？"她爸爸说，"当然了。""当然了"的意思就是布鲁克林可以摘一朵花。但摘多了可能不行，因为她只得到爸爸摘一朵花的许可。

有时候当孩子问大人能不能许可他们做什么事情的时候，他们得到的答案是可以。有时候，他们得到的答案是不可以。

当孩子想要做什么事情的时候，他们需要得到大人的许可。是否给予许可需要大人来做决定。有时候孩子们能得到许可，有时候他们得不到许可。不管怎么样，这就是地球上的生活。

故事 112　很多大人都爱说"可以"

孩子有许多的想法。他们对自己想做的事情有很多的想法。孩子的想法能否实施由大人来决定。这种时候，孩子需要得到大人的许可。

孩子要是知道多数大人都喜欢说"可以"，可能会很吃惊呢。对多数大人来说，允许孩子做喜欢的事情，对孩子说"可以"是件快乐的事情。说"可以"绝对比说"不"要开心得多。很久以前，当他们还是孩子的时候，他们也需要得到大人的许可。他们还记得当大人说"可以"的时候，他们是多么开心。现在，他们也想让孩子那么开心。

但是，大人也可能会说"不"。这是他们的决定。他们也希望自己能说"可以"。但他们是大人。他们有经验，他们知道大人要做最好的决定。这就是为什么他们可能会说"不"。

孩子们有许多的想法。有些想法实施前需要得到大人的许可。对很多大人来说，说"可以"是件开心的事。但是，作为大人，他们的责任是要思考如何做出最好的决定。有时候，最好的决定不是说"可以"，而是说"不"。

故事113 说"可以"的三个方法

孩子们有许多的想法。他们对自己想做的事情有许多的想法。孩子的想法需要由大人来决定能否实施。这种时候,孩子们需要得到大人的许可。

大人可能不用说"可以"就能表示同意。孩子可能有点难理解这个。

有时候,大人会说,"当然了!""当然了"是指绝对可以。大人很肯定地同意孩子的这个想法。大人很自信可以许可孩子去实施他们的想法。还可能就是,在这种情况下,不需要许可。举个例子:

杰克:"爸爸,我现在可以做作业了吗?"

爸爸:"当然了!"

还有些时候,大人可能会说,"行啊。""行啊"表示可以。"行啊"是指,"这次可以,但不一定每次都可以。"大人觉得这时给孩子许可没有什么不好。举个例子:

杰克:"爸爸,我可以和安德鲁一起做作业吗?"

爸爸:"行啊。"

大人还有一种说"可以"的方法,那就是,"我觉着应该可以吧。"或者,倒过来说,"应该可以吧,我觉着。"这句话的意思就是"可以"。但是,大人现在也有很好的理由说"不"。此时大人对于同意孩子的想法有一点点不好的感觉。这也是孩子听到大人说"可以吧,我觉着"时往往要立刻行动的原因。

杰克:"做作业前,我可以看一个电视节目吗?"

爸爸:"可以吧,我觉着。"

当孩子有了想法,要得到大人的许可时,大人可能表示同意。但他们有时候表达的方式有些令人难以理解。要是知道大人说的"当然了""行啊""我觉着应该可以吧"这些话的意思,就能帮助孩子明白大人到底同不同意。这些话也是了解大人在想什么以及有什么感觉的线索。

故事114 如果回答是"不"——给孩子希望的小故事

我有许多的想法。我对自己想做的事情有很多想法。我的想法要由大人来决定能不能实施。每当这种时候,重要的是要得到大人的许可。有时候大人会说"不"。如果答案是不,可能也还有希望。

有时候,当大人说"不"的时候,还表示:"我现在太累了做不了这个。可是还有希望!也许明天就可以做了。"

有时候,当大人说"不"的时候,还表示:"这样做不安全。可是还有希望!也许用对我更加安全的方法就可以了。"

有时候,当大人说"不"的时候,还表示:"晚些时候才可以。可是还有希望!晚些时候总会到来。"

有时候,当大人说"不"的时候,还表示:"我们没有足够的钱来买这个。可是还有希望!也许我们可以存些钱,等以后哪一天再来买。"

有时候,当大人说"不"的时候,就是在说,"不行,我永远都不会容许这样的事情。可是还有希望!世界上还有许多其他事情可做。"

当大人必须说"不"的时候,他们真的希望孩子能保持冷静。这样的话,虽然答案是"不",但是其他的一切都没问题。而且,他们更有可能对其他想法说"可以"。

我有许多的想法。有时候,父母会对我的想法说"不"。我会试着去想:"还有希望!"并且保持冷静。

第十一章　家

故事 115　搬新家

我们一家正要搬到新家去。我们有个搬家计划，一共有三大步骤：

・打包家具，并且把其他东西装进打包箱。

・把这些家具和箱子搬到新家。

・把家具和箱子里的东西在新家里摆放好。

我正要搬到新家去。我可能要把我自己的玩具和其他东西打包好。我的搬家计划分成三大步骤：

・打包。我们会把我的大部分玩具和其他东西装进打包箱。
・搬家。我们会把所有的箱子搬到新家去。
・拆箱。我们会把我的玩具和其他东西在新家里摆放好。

最好要有搬家计划。我和我的家人制订了搬家计划。

故事 116　在弗莱彻家里，谁会做什么

弗莱彻知道的可多了。他对恐龙了解的特别多。他也非常了解自己的家庭。他的爸爸是盖房子的，他的妈妈是牙医，他的姐姐埃玛每天都要写日记。

弗莱彻家里有人知道怎么盖车库。猜猜看这个人是谁？

弗莱彻家里有人知道蛀牙是怎么回事。猜猜看这个人是谁？

弗莱彻家里有人知道埃玛的日记本锁在哪里。猜猜看这个人是谁？

弗莱彻很清楚自己的家人都是干什么的。这就给了他线索来猜测谁会做什么。

故事 117　一团糟的真相

我们一家人住在同一屋檐下。我们在这里吃喝、洗澡、睡觉、穿衣、玩耍以及工作。有时候，我们会把屋里搞得一团糟。

我们吃饭的时候，锅啊、盆啊就会被弄脏。这可能会把屋里搞得一团糟。

我们准备睡觉的时候，要脱下脏衣服，换上睡衣，刷牙，找个睡前故事来读，找到我的乌龟斯洛莫。这可能把屋里搞得一团糟。

我们睡觉的时候，床单会搅成一堆，有时候一觉醒来发现睡衣掉到地上了。屋里已经变得一团糟。

我们穿衣服的时候，也可能会把一切弄得一团糟。

我的家人喜欢玩。玩的时候真的是能把一切弄得一团糟。

有时候，爸爸妈妈会出去整理院子。啊，难道院子也会变得一团糟吗？

一团糟的真相就是：要是没有人收拾，就永远都是一团糟。

人们可能就只是坐在那里，看着乱糟糟的四周，心里想，这一切快消失吧。可是，不动手的话，这乱糟糟的一切就会一直存在。

一团糟的真相就是：只有人们动手，它才会消失。

故事 118　在家，用尊重的语气重新说一遍

我正在学习如何尊重他人。尊重家庭成员使得家里的每一个人都觉得自己很重要，感觉舒服且安全。用尊重的语气和父母说话是一种技巧，需要练习。

有时候，在尊重家人这一点上孩子会犯错误。孩子可能会在说话时用一种不尊重人的语气或者使用不礼貌的词汇。和父母说话时也要有礼貌。

父母都希望孩子能感觉舒服、开心，并且在与人相处时要尊重别人。如果我的哥哥、姐姐或者我自己在这方面犯错误了，我的父母会说："请用尊重的语气重新说一遍。"

"请用尊重的语气重新说一遍"给了我们第二次机会，这个很重要。它给了我们重新思考并重来一次的机会。接下来，我们就尽力用冷静的语气、合作性的词语重新说一遍。我们要说的是一样的话。但是，这次是用尊重的语气。

如果爸爸或者妈妈对我说"请用尊重的语气重新说一遍"，这就意味着我刚刚在尊重他人这件事上犯了错误。我会试着想一想，然后用冷静的语气、合作性的词语重新说一遍。我要尽力用尊重的语气重新说一遍。

很多孩子在尊重他人这件事上都会犯错误。但是通过练习，他们能学会用尊重的语气和父母说话。

故事 119　什么是保姆

　　我的名字叫约瑟夫。有时候，会有个保姆来照顾我。保姆就是照顾小孩子的人。

　　父母们会找个保姆来照顾他们的孩子。他们会尽力找个自己不在时能很好地照顾好自己孩子的人。

　　保姆会在父母离开前就到家里来。当父母回来以后，保姆才会走。

　　有时候，我可能会去保姆家里一直待到父母来接我。这个没关系。我的爸爸妈妈有其他事情要做。不管他们是去做什么，他们知道我在哪里，知道怎么从他们所在的地方赶到我所在的地方。

　　有时候，会有个保姆来照顾我。保姆就是父母不在的时候照顾我的人。

故事 120　我的保姆了解我

我有许多保姆。她们会读有关我的故事来了解我。

我的保姆知道我喜欢火车头托马斯。

我的保姆知道我睡觉的时候要搂着我的大象赫比。

我的保姆知道我的大象赫比放在哪里。

我的保姆知道我喜欢吃什么，她们也知道怎么做我爱吃的食物。

我的保姆知道我最喜欢的睡前故事书放在我爸爸做的大象书架上。

我的保姆知道走廊上的灯要一直开着。

我的保姆知道要把吸尘器放进橱柜里。

我的保姆知道所有的这些事情，以及其他的许多事情。她知道在爸爸妈妈回来之前要如何照顾我。

第十二章 社区

故事 121 搬进新社区

我叫梅森。我家住在康涅狄格州的谢尔顿。我爸爸在南达科他州的格瑞森市找了份工作。我们正要搬去格瑞森市的新家。

我还从没有去过南达科他州的格瑞森市。我的爸爸妈妈去过两次了。一次他们是去看房。另一次是去把它买下来。他们拍了很多照片。这些照片都在我的"搬到格瑞森市"的记事本里。

在格瑞森市,我们会做许多现在也在做的事情。不过,我们是在南达科他州的格瑞森市做这些事情了。

我现在在拉法叶小学上学。搬到格瑞森市后,我就会去格瑞森小学上学。我的记事本里有这两所小学的照片。

我现在在里奇和本的发廊剪头发。搬到格瑞森市后,我就会去布兰登·普拉扎的理发店剪头发了。我的记事本里有这两间发廊的照片。

现在我们家在比奇伍德超市买日用品。搬到格瑞森市后,我们就会去格瑞森食品中心去买日用品了。我的记事本里有这两个地方的照片。

我叫梅森。很快我就要搬去南达科他州的格瑞森市了。我要在那儿上学,在那儿剪头发。我的爸爸妈妈会在那里买日用品。格瑞森市会成为我们居住的新地方。

故事 122　上行扶梯

在我们居住的社区，大家公用上行扶梯。扶梯就是移动的楼梯。把人从一层送到另一层，这是个运送人的好方法。

在楼梯上，人们一步一级台阶地往上走。在上行扶梯上，人们选一级台阶，站在那里一直站到顶层。

为了安全起见，要握住扶梯的扶手。这点很重要。扶梯的扶手和台阶以相同的速度运行。这样，使用扶梯就能够既舒服又安全。

如何乘坐扶梯：

- 慢慢走到扶梯的底部。
- 稍微停一下，选择想要站的空台阶。
- 把一只手放在靠近自己的扶手上，握紧。
- 眼睛往下看，一只脚踏上去，然后另外一只脚也踏上同一级台阶。这一步可能要迈得大一点。
- 扶梯带着我们往上走。为了安全，双脚要站在同一级台阶上。
- 越来越接近顶层的时候，手还是要一直握住扶手。
- 到达顶部，台阶会慢慢地变平缓，因为它要滑进地面以下的位置。这个时候，放开握着扶手的手，走下扶梯。

大部分扶梯的宽度足够两个人并肩站立。有时候我一个人就站一级台阶。有时候，我的爸爸、妈妈、哥哥、姐姐或者其他人会和我站在同一级台阶上。

偶尔，上行的扶梯会非常忙。有人在等着使用扶梯，而且每一级台阶上都站满了人。每当这时，大家会告诉我要和别人公用一级台阶。到顶部后，在停下来之前，要多走几步以保证安全。这样后面的人下扶梯时就有足够的空间了。

我们小区里的人在安全情况下会公用扶梯。我也要学着安全地公用扶梯。

故事 123　在美食中心吃东西

我们一家人就要去购物中心买东西了。我们可能就在那里的美食中心吃饭了。美食中心就是一个有很多美食摊位的区域，这些摊位就是小型的快餐店。它们拥有一个大的公共区域，人们可以坐在那里吃东西。人们挑选一个摊位，买好食物，就可以在没人的桌子旁坐下来吃东西了。

美食中心的餐馆都是快餐馆。在那里工作的人干活都很快。他们问问题的时候说话也很快。他们写单的时候也很快。要是顾客点餐的速度也很快，他们会高兴的。

当我们一家人在美食中心就餐时，家里的每一个人都可以选择他们喜欢的摊位的食物，然后坐在一起吃。或者，一家人只在一个摊位挑选食物。当然，这个要由我的父母来做最后的决定。

一旦我们一家人选好了食物，我们就要遵循下面几个步骤：

- 排队。我们可能是第一个。但是，要是我们前面还有其他人，那他们就会在我们之前点餐。如果前面的人快速地看我们一眼，有可能是因为我们站得离他/她太近了。这个很难说准。不管是不是这样，往后退一步比较好。
- 点餐。要想知道什么时候能点餐了，就要注意看给人点餐的服务员。轮到我们点餐的时候，服务员可能会用眼神示意我们。他们也可能说出来，但是他们可能说得很快。比如，点餐的服务员可能会说，"你呢？"或者"好了吗？"示意的眼神以及排到位了都意味着我们可以点餐了。
- 把食物放到餐盘上。父母可以帮忙放。
- 挑个座位坐下来。我爸爸妈妈可能早就坐在座位上了。

在商场的时候，我们一家人可能在商场的美食中心吃饭。

故事 124　这个地方很热闹

我居住的社区里有商店和餐馆。有时候，这些地方真的很热闹。有很多线索都能告诉人们一个地方是不是很热闹。比如：

- 这里有很多人。
- 人们不能像他们想要的那样快速走动。
- 在周围走动的时候，不得不停下来给别人让路。
- 有至少一条长长的队伍。
- 很多嘈杂的声音，而这些不仅仅是说话的声音。
- 我妈妈没平时笑得多了。
- 和我在一起的人说，"这个地方很热闹！"

有些人喜欢热闹的地方。有些人不喜欢。当父母来到一个热闹的地方时，他们可能想要待在那里。或者他们可能想晚点再来或者改天再来。因为有的父母在热闹的地方很难保持冷静、开心。

如果某个地方很热闹，我们可能就要改变计划。这个没关系。另外找个时间，当这里不再这么热闹的时候再来玩可能更好。

我们可能会去社区里热闹的地方。我们可以留下来，或者我们也可以晚点再来，或者改天再来。

第十三章　学校

故事 125　今天要上学吗

上学的日子我就要去学校上学。周一、周二、周三、周四和周五通常都是上学的日子。可是有时候，我的学校会关闭。

一年当中有很多的假期。有的假期长，有的假期短。什么时候是假期，学校的校历上都写得清清楚楚。

有些特殊的日子，学校会为老师开放，却不对学生开放。这就是教师培训日或者教师工作日。这个通常也会写在校历上。

冬天，可能经常下雪，或者结冰。如果这些对校车或者私家车造成行车困难甚至带来危险，那么学校就会关闭。这样的时候就是雪天假期。冬天的时候人们预料到会有几个下雪天，但是下雪天没写在校历上。这是因为没有人能确切地知道哪一天会下雪。但我的爸爸妈妈会看当地的新闻来了解哪天下雪。

有时候，当我搞不清楚今天或者明天到底要不要上学的时候，我的爸爸妈妈会帮我。他们会注意哪天是上学的日子。他们知道如何通过校历和当地新闻来了解这个情况。

上学的日子我就要去学校上学。有时候，学校会关闭。

故事 126　今天缺勤？没关系

我今天没去上学。我的父母说没关系。

孩子没去学校的原因有很多。假如有以下情况之一，孩子就可能不去学校了：

- 生病了，需要待在家里。
- 要去医院，包括看牙医。
- 和家人在旅行。
- 还有一些其他原因也会导致孩子不能去学校。

孩子没去学校没有关系。老师会帮他/她拿到布置的作业，这样他/她就能完成作业了。

今天，我没去学校。这是因为_____。这个没关系。我的老师会告诉我今天的作业是什么。这样，我就可以完成今天的作业了。

明天我可能会去学校，也许，我还不能去。我的爸爸妈妈会告诉我什么时候回学校上课。

故事 127　教学日里的预约

有时候，学生有预约。预约可能会在教学日里。偶尔，我需要离开学校。

当我因为预约而离开学校时，学校仍在上课。老师和同学们会完成教学日里剩下的工作。

学生因为预约而落下了作业或缺席了活动，这个没关系。老师和家长可以帮忙。我可以另找时间完成落下的作业和工作。

我去赴约后可能会在当天返回学校。也可能是另一天再去学校。这都没关系。我的父母和老师知道我什么时候去赴约和什么时候返校。因为预约而离开学校是没关系的。

故事 128　当我的老师不在我身边的时候

　　我的名字叫安德鲁。我的老师是史密斯老师。多数时候，都是史密斯老师教我们。有时候，她得去其他地方办事，就不能教我们了。

　　老师会生病。如果史密斯老师生病了，她就需要待在家里。

　　老师会参加教师工作坊。史密斯老师可能会去参加教师工作坊。

　　很多老师有孩子，他们的孩子可能会生病。史密斯老师有三胞胎。他们中有人可能会生病，那么史密斯老师就要待在家里照顾孩子。

　　史密斯老师不在的时候，我们会有位代课老师。这个没关系。史密斯老师会尽快赶回来教我们。

故事 129　代课老师上课的日子

今天我们班来了一位代课老师。今天由代课老师上课。这是指帕克老师不在班上，而代课老师在这里。他是麦克奎恩老师。有的学生可能表现的与往常不同。

代课老师上课的时候，很多学生都能像平时一样，上课、玩耍。但是，有些学生就可能比平时说话多，经常离开自己的座位，还经常违反班规，不那么用功学习。他们会犯一些平时不会犯的错误。

很多学生都想帮麦克奎恩老师的忙。要是班上所有的学生都像他们对帕克老师那样对待麦克奎恩老师的话，那才是最大的帮助。但是，今天这样的事是不可能发生的了。有些学生可不想帮麦克奎恩老师的忙。他们更想做其他的事情。

麦克奎恩老师知道，当班级里有代课老师的时候，有些学生会表现得和平常不一样。他预料到有些学生会犯错。那么麦克奎恩老师就要决定怎么应对这种情况。他管着所有的学生。那些不像平时表现那么好的学生也由他管。

代课老师上课的时候，学生要是像平时一样学习、玩耍就好了。这样既能帮到代课老师，对其他学生也有好处。有些学生可能不这么想。那就由代课老师来决定怎么处理他们。

故事 130　课程表

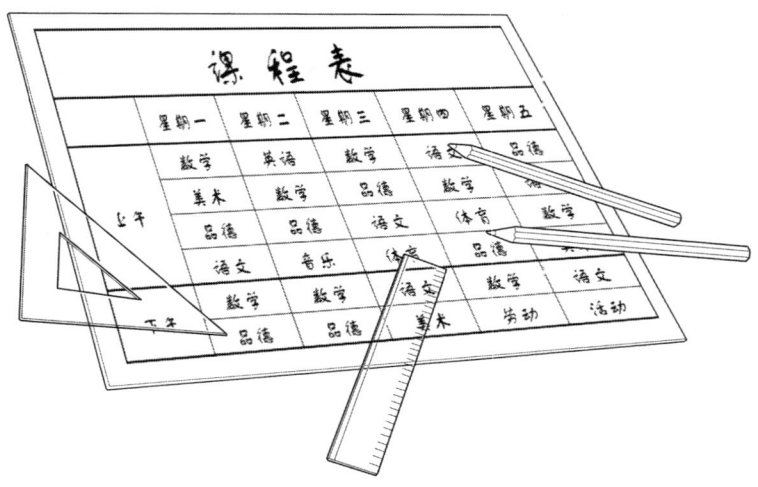

我的名字叫凯特琳。我在琼斯老师的班上。我们班有课程表。

琼斯老师制订了这个课程表。这是班级的计划书。上面写明了上学的大多数日子里我们要做的事情。

有时候，琼斯老师可能要执行其他的计划。课程表上列的是某一项活动，可是我们却要参与另外一项活动。这个没关系。这种时候，琼斯老师会告诉我们新计划是什么。我们可以在第二天再按照原来的课程表进行活动。

多数时候，琼斯老师要我们做的和课程表上列的是一样的。有时候，我们会有另外的计划。这种时候，我会照着琼斯老师的要求去做。

故事 131　我们的活动安排表

我的名字叫海莉。我在卡森老师的班上。我们班有两张活动安排表。

活动安排表是一张写明计划好的活动以及这个活动的时间的列表。其中一张活动安排表列出了我们每周的特殊课程，以及我们计划开始和结束这些课程的时间。艺术课和体育课在这张表上。另外一份活动安排表列出了我们每天的学习科目，以及我们计划开始和结束这些科目的时间。数学课、日记时间以及科学课都在这张表上。

关于活动安排表，我们要明白表格不是人。表格什么都不知道。表格就是写了字的纸。它是一份一成不变的计划，高高地挂在墙上，以便所有人都能看见。

但是，卡森老师知道很多事情。有时候，她知道安排好的活动对我们班没有用。所以，她就会告诉我们要做什么。关于我们的班级活动安排，我们还需要明白：不管什么时候，卡森老师都可以不同意表格上的活动安排。

这种时候，卡森老师比那张写着活动安排的纸要更有权威。如果她告诉我们要完成和安排表上不一样的活动，我们都会去完成。

举个例子说明一下这种情况。上周，我们的活动安排表上列出的是下午1:00上艺术课。卡森老师告诉大家把数学书收起来。突然，火警演习的铃声响起来了。卡森老师说，"好吧。现在是火警演习。在门口排好队。我们要到外面去。"就这样她改变了我们每周的惯例安排。火警演习进行了很长时间，最后艺术课取消了。

事实就是，贴出来的活动安排表只是一张写好了计划的纸。在我们学校，多数时候老师比写着活动安排的纸要更有权威。

故事 132　了解学校的要求

有时候，老师或者学校里的其他工作人员会告诉学生要做什么。他们会给学生提出一些要求。

这些要求能帮学生明白如何在一起学习、工作以及玩耍。这些要求还能确保学生们的安全。

老师的要求通常包括两部分内容。第一部分是老师提出要求。老师经常这样做。他们给我和班级里的其他同学提出要求。第二部分是听从老师的要求。这部分是由学生来做的。

我正在学习如何在学校里听从老师的要求。老师的要求能帮学生们在一起安全地工作、学习以及玩耍。

故事 133 黄色大指示牌：大家认真听仔细看

我的名字叫伊莱贾。我上学了。我的老师是卡特先生。他有个黄色的大指示牌。

这个黄色的大指示牌被称为"大家认真听仔细看"。这个牌子很重要。它的意思就是要全班同学注意看卡特老师。大家要仔细听卡特老师说话。多数时候，卡特老师就叫这个牌子"大家认真听仔细看"。这是他的牌子，所以，他可以这么做。

有时候，卡特老师说的话是说给我和其他所有人一起听。这种时候，他通常是站在教室前面的。他把这个牌子放在大家都能看到的地方。这就代表现在他需要全班同学都要把注意力集中到他身上。

卡特老师上课的时候就把这个牌子举起来。他在教我们数学、阅读、写作、拼写、科学以及其他科目的时候都会把这个牌子举起来。他在给我们布置作业的时候也会把这个牌子举起来。他在给我们提出要求的时候也会把这个牌子举起来。当他对全班同学说话的时候，他也会把这个牌子举起来。

这个是卡特老师的黄色大牌子的背面。当他不需要大家听他讲话的时候，就把牌子的背面朝上。在我们班上，有时候大家都在忙。卡特老师可能在和别的老师谈话，或者是和校长谈话。有时候卡特老师和几个学生单独谈话，就像阅读小组那样。又或者，他可能走过来只和我一个人谈话。这些时候，这个牌子的背面就朝上了。

这个被称为"大家认真听仔细看"的黄色大指示牌就是在说，伊莱贾和其他同学都要看着卡特老师，认真听他说话。这个牌子能帮助我明白什么时候需要注意卡特老师。

故事 134 决定权在老师

老师要给自己的班级做很多决定。通常来说，决定就是一个坚定且最终的选择。老师要做很多的决定。比如，由谁来收午餐费，如何照顾班级里的宠物。做决定是老师的工作。

老师们也常常要为学生的想法做出决定。阿夏有个想法。他今天想要收午餐费。由谁收午餐费要由阿夏的老师凯佩尔决定。阿夏问凯佩尔老师："今天可以让我来收午餐费吗？"

凯佩尔老师说，"没问题。""没问题"是表示同意的决定。这个同意的决定意味着阿夏今天能收午餐费。

克里斯托弗有个想法。他想要把班级的宠物仓鼠安杰尔从笼子里放出来。安杰尔什么时候能被放出来要由凯佩尔老师决定。于是克里斯托弗问凯佩尔老师："我可以把安杰尔放出来吗？"

"现在不行，克里斯托弗。"凯佩尔老师说。"现在不行"就是个否定的决定。这个否定的决定意味着仓鼠安杰尔现在要被关在笼子里，还不能把它放出来。

老师们每天都要做很多的决定。我的老师也要做很多决定。有时候，我的老师的决定是肯定的，有时候，我的老师的决定是否定的。做决定是老师工作的一部分。

故事 135　排队时的位置

老师的工作之一是给学生提出要求。我们的任务就是要听从老师的要求。

有时候，很多学生都要从一个地方去另外一个地方。为了安全，同时也为了其他人能顺利地从大厅里走过，我们走的时候要排好队。

很多学生排队的时候都喜欢站在第一个位置。老师决定谁站在第一个。有时候，我是站在第一个的学生。多数时候，是其他学生站在第一个。这样的时候，我就站在队伍的其他地方了。这样的安排有助于老师给每名学生一次站在第一个的机会。

我的老师决定谁在排队的时候站在前面第一个。每过一段时间，我就有一次机会站在第一个。多数时候，站在第一个的是其他同学。我们学校排队就是这样安排顺序的。这就是地球上的生活。

故事 136　学习在学校排队

我正在学习在学校排队。了解学校排队有什么用十分重要。

在操场上,很多孩子都想玩滑梯。一个孩子滑时,其他孩子会排成一队等着轮到自己。保持笔直的一列,使我们更容易分辨下一个该谁滑。

在饮水机前,很多孩子都想喝水。一个孩子接水时,其他孩子会排成一队等着轮到自己。保持笔直的一列,使我们更容易分辨下一个该谁接水。

在食堂,很多孩子都想拿到饭菜。一些孩子拿到了饭菜,其他孩子会排成一队等着轮到自己。保持笔直的一列,使我们更容易分辨下一个该谁拿。

排队帮助孩子们既安全又公平地共享操场、饮水机和食堂。排队在学校的其他地方也一样能帮到孩子们!保持笔直的一列,使我们更容易分辨下一个该轮到谁。无论是在学校,还是在其他地方,我都会努力练习排队等候!

故事 137　在门前排队等候

我所在的学校有很多学生。有时候,我的老师会告诉学生们"在门前排队等候"。在门前排队等候通常意味着我们要集体走去另一个地方。

当我们"在门前排队等候"时,我们要一个挨一个地排成一列。有一名同学站在第一个,第二名同学站在他后面,第三名同学站在第二名同学后面。在队伍中,除了第一名同学以外,所有同学都站在另一名同学后面。

排队只是短短的几分钟。有时候,可能会让人觉得有些局促或是拥挤。这通常是因为很多同学挤在一处相对狭小的空间里。有时候,学生们会把衬衫塞进裤子里,又或是抓耳挠腮。有时候,学生们只是扭扭身子。在有这些举动时,他们可能会碰到周围的同学。

我的老师会要求我们"站好"。这使排队更加舒适,并准备好出发。

当我的老师告诉我们在门前排队等候时,我知道那是什么意思,也明白我该怎么做。

故事 138　我会排在第一个吗

有时候，我们班会排成一队。偶尔，我会排在第一个。大多数时候，我会排在其他位置。

当我的老师说："请在门口排好队。"时，我们就会排成一队。一个同学排在第一个，一个同学排在第二个，另一个同学排在第三个，以此类推。每个同学都在队伍中有一个位置。我们排队是为了安全地去往另一个地方。

我喜欢排在第一个。偶尔，我会是排在第一个的学生。这时，老师会站在我跟前。这个没关系。

有时候，我们班会排成一队。偶尔，我会排在第一个。大多数时候，我会排在其他位置。这很公平，没有问题。

故事 139　学习在学校里尊重他人

尊重就是和别人相处时要细心、体贴。人们通过善意的语言和行为来表达尊重。尊重他人能让每个人都觉得舒服、受欢迎且安全。

老师和学生在学校都要尊重他人。举几个例子：

- 尊重就是在语言和行为中表现出的善意。
- 尊重就是真诚地帮助别的学生。
- 尊重就是分享。

尊重就是和别人相处时要细心、体贴。在学校，尊重别人会使每个人都感觉舒服、受欢迎且安全。

故事 140　在学校里尊重他人

尊重就是和别人相处时要细心、体贴。人们通过善意的语言和行为来表达尊重。尊重他人能让每个人都感觉很舒服、受欢迎且安全。

老师和学生在学校都要尊重他人。举例说明：

- 尊重就是语言和行为要温和。当杰克布斯老师和她教的五年级学生在一起的时候，她总是面带微笑，言语温和。
- 尊重就是帮助他人时要细心。在走廊里，信封从萨曼莎手里掉了下来，里面装着书展用的钱，但萨曼莎没注意到。何塞看到了信封掉下来。他捡起信封，对萨曼莎说，"萨曼莎，你的信封掉了。"
- 尊重就是懂得分享。艾登需要用蓝色的记号笔。吉安娜有蓝色的记号笔。她对艾登说，"嗨，你可以用我的。"
- "吉安娜，谢谢你！"艾登说。对别人说"谢谢"也是一种尊重。
- 尊重他人就是当别人在思考，或者想要完成自己的任务的时候，我们要安安静静地做自己的事，不吵闹。崔斯坦第一个完成了试卷。于是，他就安静地看书，直到考试全部结束。

尊重就是和别人相处时要细心、体贴。在学校，尊重别人会使每一个人都感觉舒服、受欢迎且安全。

故事 141　用尊重的语气和老师说话

学生要学习用尊重的语气和老师说话。尊重就是和别人相处时要细心、体贴。当学生说话表现出尊重时，他们的声音冷静，用词礼貌。

当然，当学生感觉开心、冷静或者舒服的时候，他们最容易做到尊重老师。

有时候，当学生遇到问题时，他们会感到沮丧或生气。沮丧和生气是两种负面情绪。负面情绪会让人不舒服，而且会使人更加难以在交谈中表现出尊重。

重。重要的是要学会控制好负面的情绪。这样，学生哪怕感觉不舒服，也能在交谈中表现出尊重。

许多学生都努力学习如何控制自己的情绪。经过练习，很多学生发现控制住负面情绪后更加容易在交谈中表现出尊重。

故事 142　在学校，用尊重的语气重新说一遍

我正在学习如何尊重他人。尊重他人使人感觉受欢迎、舒服且安全。用尊重的语气和老师说话是一种需要学习的技巧。学生需要思考和练习如何在交谈时表现出尊重。有时候，学生在这方面可能会出错。学生可能在和老师交谈的时候使用不尊重人的语气或不礼貌的词汇。

和老师交谈时不尊重老师是不对的。老师想要学生做得好，并且在和他人相处时尊重他人。不管什么时候，有学生和我的怀斯特拉老师谈话时，如果他们的语气或者用词不礼貌的话，怀斯特拉老师就会说，"请用尊重的语气重新说一遍。"

"请用尊重的语气重新说一遍"使学生有了第二次机会。这个很重要。它给了学生重新思考并重来一次的机会，他们可以用一种冷静的语气、合作性的词语重新说一遍。他们要说的是一样的话，但是，这次是用尊重的语气。

如果怀斯特拉老师对我说"请用尊重的语气重新说一遍"，这就意味着我刚刚在尊重他人这件事上犯了错误。我会试着想一想，然后用冷静的语气、合作性的词语重新说一遍。我要尽力用尊重的语气重新说一遍。

很多学生在尊重他人这件事上会犯错误。但是通过练习，他们能学会用尊重的语气和老师说话这一技巧。

故事 143　在学校，我用尊重的语气说话

我现在正在学习用尊重的语气和人说话。用尊重的语气说话就是用一种冷静、平和的语气说出合作性的词语。当我们和大人、同学或者朋友在一起工作、玩耍时，尊重他人很重要。这样，每个人才能感觉舒服。

在学校里负责照顾我的老师会注意我在交谈中是否尊重他人。比如，在书市活动中，我看到一本很想要的书。但是，我的钱不够。有个大人告诉我把书放回原处。虽然我很失望，但是我还是用了合作性的词语，对他/她说"好的"。而且，我说这话的语气很冷静。

下面是我在学校里做的其他一些尊重他人的事情：

_____

_____

_____

当我用尊重的语气说话时，别人能注意到这一点。当我使用冷静的语气、合作性的词语时，他们会感到平静、舒服。

故事 144　什么是练习

学生要学习很多重要的技能。阅读就是一项技能。数学、写字以及拼写也都是技能。练习是学生学习的一种方法。

有时候，老师要求学生练习这些技能。练习就是认真地不断重复使用这些技能。

当学生学习加法的时候，他们通过运算很多数学题练习加法。

当学生学习写字的时候，他们通过把每个字写很多遍练习写字。

当学生学习拼写单词的时候，他们练习如何正确拼写。

练习能帮学生学到很多有用的技能。

故事 145　在学习的过程中会出错

学生常常会犯错误。这个没关系。在学习的过程中，犯错误很常见。

学生在学习加减法的时候常常会出错。这个没关系。在学习数学的过程中，犯错误很常见。

学生在学习写字的时候会出错。这个没关系。在学习写字的过程中，犯错误很常见。

学生在学习植物、动物、石头，或者外太空等知识时会出错。这个没关系。在学习科学知识的过程中，犯错误很常见。

学生在学习有关其他国家以及它们的历史和人民的知识的时候会出错。这个没关系。在学习地理、历史以及社会知识的过程中，犯错误很常见。

在学习的过程中，犯错误很常见。我在学习的过程中也可能会出错。这个没关系。

故事 146　学校的功课就是练习

学校是我学习很多新事物的地方。学校是我练习我所学知识的地方。

练习就是一遍又一遍地做训练或活动。歌手要练习。足球运动员要练习。厨师要练习。音乐家要练习。高尔夫球手要练习。学生要练习。他们练习是为了让技能用起来更轻松,并提高他们的成绩。

在学校,通过练习,很多技能用起来都会变得更轻松、更快。刚开始,读新单词很慢,通过练习会读得更轻松、更快。刚开始,拼写新单词很慢,通过练习会拼得更轻松、更快。

老师布置作业就是让学生练习新技能。这样,技能用起来就会变得更轻松,学生就可以学习新技能了。我会尽力完成作业,练好新技能。

故事 147　真棒啊

对作业中的错误该怎么办呢？

错误就是个失误。任何学生都会出错。所以，多数学生在看到自己作业本上的错误的时候都不会感到吃惊。他们可能会感到难过或失望，但不是真正的吃惊。

如果学生能预料到会有错误，那么他们在看到批改后的试卷上的错误时就会有心理准备。因为预料到会有错误，所以多数学生在面对错误时都能保持冷静。这样，他们就能冷静地思考如何很好地处理错误。

有时候，老师会要求学生改正作业中的错误。这也是多数铅笔上会有橡皮擦的原因之一。学生想想哪里做错了，然后用橡皮擦擦掉错误的答案，再写上正确的答案。这是处理错误的一个好方法。

还有些时候，学生很难找出自己的错误。要保持冷静，这样能帮助自己好好思考。有时候，考虑的时间长些就能找到更正错误的方法了。这是另一个处理错误的好方法。

很多时候，学生需要老师的帮助才能更正错误。他们努力想要找出错误在哪里；然后，考虑的时间很长，可是还是不明白错误在哪里。那么，他们可以寻求帮助。寻求帮助是处理错误的又一个好方法。

我是一名学生。学习中很有可能会出错。我要学会预料到错误。这样，我就能够学会如何很好地处理自己的错误。

故事 148　把自己的问题告诉老师

老师和学生会谈论很多事情。他们常常会谈论那些好消息。他们也会一起解决问题。

有时候,学生可能有疑问,或者感到沮丧或生气。把自己的这些感觉告诉老师,这会有所帮助。这样,老师就知道学生遇到问题了。老师会帮助学生。老师有很多的主意。他们可以帮助学生解决问题。

如果我在学校遇到问题的话,我把问题告诉老师,这样能帮我解决问题。假如有什么事情让我感到沮丧或生气,和老师谈谈也会有帮助。我的老师有很多主意。他们能帮我解决问题。

老师能帮助学生解决问题,这样学生就会再次感觉舒服。

故事 149　遇到难题要保持冷静

学生在学校学习新知识和新技能。有时候，学习是轻松的。也有时候，学习是很困难的，特别是刚开始时。这个没关系。

当一项作业很难时，保持冷静非常重要。保持冷静能够帮助学生保持理智，从而更好地思考。

大多数学生使用一个计划或行动——一种策略——保持冷静。

有些学生慢慢地深吸一大口气，再慢慢呼出。这帮助他们控制情绪。

有些学生通过想美好的事物来保持冷静。

也有些学生"自言自语"。他们可能会默念"我很安全，也很好""我的老师会帮助我"之类的话。

还有些学生会休息一会儿，再回教室。

老师知道在学校里冷静且舒适的感觉很重要。他们可以帮助我学习属于我的保持冷静并控制情绪的策略。这样，我就可以尽全力学习了。

故事 150　如果功课很难怎么办？老师能帮忙

学生在学校学习新知识和新技能。有时候，学习是轻松的。也有时候，学习是困难的，特别是刚开始时。大人能帮忙。

大人是长大了的孩子。他们也在学校上过学。有一些功课简单，有一些功课难。他们已经学会的技能正是我现在所学的技能。

老师和其他大人可以帮助孩子练习和学习新的技能。孩子可以请求帮助。这样，大人就知道孩子需要帮助了。

大人帮助孩子学习的方法有很多种。有时候，大人通过解释或展示来帮忙。有时候，他们通过一步一步地告诉孩子该做什么来帮忙。

大人还会通过提问的方式来帮忙。提问可以帮助孩子思考并解决问题。大人知道答案，但是他们想帮助学生自己想出答案。大人的教育方式之一就是问学生问题。

当功课很难时，大人能帮忙。

故事 151　我的老师在思考什么

在学校，我的老师总在思考。

这位老师正在下命令。我们来猜猜看。这位老师在思考什么？

这位老师正在批改学生作业。猜猜看。这位老师在思考什么？

这位老师正在查看孩子们游戏。我们来猜猜看。这位老师在思考什么？

这位老师正在看班级课程表。猜猜看。这位老师在思考什么？

在学校，老师们总在思考。

故事 152　如何做一个写作盒

学写作需要时间和练习。学生有很多不错的想法。准备一个写作盒能帮他们把这些想法保存起来，想用的时候就能派上用场。

写作盒可以用鞋盒来做。每个学生有一个鞋盒。学生们可以把自己的鞋盒装饰一番，也可以保持原样。

每个学生喜欢的东西，比如照片、玩具，或者其他小东西，都可以放到鞋盒里。这样，鞋盒就变成了一个学生自己的写作盒。这个盒子保存在学校里。

有写作任务的时候，盒子里的东西可能就帮上忙了。它们可能帮学生想到一个写作主题。学生在盒子里找一找，挑选某个东西或产生某个想法作为作文主题。

有时候，在写作过程中把选中的东西放在手边能帮学生很好地写下去。学生们可以写写某个东西让他/她想起了什么，或者在照片上找出一些有趣的细节来进行描写。这样一来，写作盒就能帮助学生把文章写下去。

很多学生在学校都用写作盒。这有助于他们找到想写的主题，帮助他们把文章写完。我可能要做一个学校用的写作盒，还要做一个放在家里。

故事 153 如何写出一个真实的故事

我在学习如何在写作盒的帮助下写出一个真实的故事。真实的故事就是描写一件真真正正发生过的事情。学生经常在日记中写些真实的故事。要学会写真实的故事，我可以按照下面的步骤来做：

步骤一

真实的故事要写真实的人。他们就是真实故事中的人物。主要人物就是一个故事中最重要的人。我可以做我自己故事中的主要人物。或者，我可以把我认识的某个人的真实故事写出来。我会为我的故事挑选一个主要人物。

步骤二

真实的故事往往描写的是一次经历。我的写作盒里有记录真实经历的照片。我可以选一张照片来描写。

步骤三

读我故事的人想要知道照片里都有谁，以及照片是在哪儿拍的。这就是开始一个故事的好方法。我要给我的故事写个开头。

步骤四

读我故事的人想要知道照片里的人或者动物在做什么。这就是我的故事的主体部分。我要给我的故事写个主体部分。

步骤五

读我故事的人想要知道我的故事如何结尾。他们想知道最后发生了什么。所以,我的故事还需要一个结尾。我要给我的故事写个结尾。

真实的故事就是写真正发生过的事情。照着这五个步骤,写故事就容易多了。我的故事要有一个主要人物、故事的开始、故事的主体部分,以及故事的结尾。

故事 154　完成作业的好方法

我叫布兰登。我在林肯学校上学。我是名非常棒的学生。多数时候，完成作业对学生来说是件很重要的事情。

方法一

完成作业的其中一种方法是一次全部做完。也就是说，开始写作业后，学生就连续写下去，一直到完成全部作业。然后，这个学生就可以开始另一项活动了。

学生们通常得用其他的方法来完成作业

学校的课程表里有许多的活动。有时候，学生完成作业的最好方法是用其他方法。不过，是否要用其他方法来完成作业要由大人来决定。

完成作业的其他方法：

- 学生开始写作业，然后他们
- 又去做另外一件事，接下来，他们
- 晚些回来再写作业。

多数时候，完成作业对学生来说很重要。有两种完成作业的方法：方法一和其他方法。每个有作业的日子都要由大人决定，采用哪种完成作业的方法比较好。

故事 155　小组活动中提出的好问题

提问是学习的重要组成部分。当同学们一起学习时，什么样的提问是好的提问呢？

海莉老师把全班同学分成了几个小组。每组选一个城市作为研究课题。那么，对这个活动都有哪些好的提问呢？

一个好的提问可能会成为一则建议，同时还能启发其他同学的想法。举个例子，"我想把俄亥俄州哥伦布市作为我们的报告主题。我们还可以研究其他哪些城市呢？"

一个好的提问可能会邀请其他同学一起加入活动。举个例子，"扎奇瑞，你去过圣迭戈。把这个城市加进到我们的列表里好不好？"

一个好的提问可能会展示对其他同学正在做的事情的兴趣。举个例子，"杰克逊，我喜欢你画的城市中心图。你能给我们的活动画一张城市图吗？"

一个好的提问可能会为活动增添细节。举个例子，"杰克逊，你觉得给我们的城市的某条街道也画一幅3D图怎么样？"

一个好的提问可能会帮助学生们解决问题。举个例子，"杰克逊，达拉想要画城市图。要是她来画城市图，你画街道的3D图，怎么样？这样就能让你的时间更宽松。"有时候，要解决问题可能会需要大人的帮助。

一个好的提问可能会需要其他人的帮助。举个例子，"我想负责写报告。可是我需要帮助。谁能帮我做这个？"

当学生们进行小组活动时，好的提问就是那些有助于学生分享想法或者解决问题的提问。

故事 156　紧急情况

遇到紧急情况，我学校里的老师知道怎么做

偶尔，我们的学校可能会发生一些紧急情况。紧急情况就是一种危险的，有时候也是未预料到的情况。遇到紧急情况，人们需要立即做出反应。

学校里有许多不同的紧急情况。有一次，肯德拉摔倒在操场上，摔断了手臂。这就是个紧急情况。我们的伯恩斯老师立即上前帮助了肯德拉。伯恩斯老师知道怎么处理这种情况。肯德拉现在没事了。

还有一次，凯瑟老师班上的尼可拉斯病了，并且很严重。我们谁也无法预料到会发生这样的事情。整个上午尼可拉斯都好好的。但是，他突然就病了。凯瑟老师立即为他打电话求助。一辆救护车把尼可拉斯送到了医院。尼可拉斯现在没事了。

火灾和龙卷风是校园里的特大紧急情况。遇到这些情况，学校里的每一个人都要知道该做什么。每一个人都要立即行动起来。我的学校还没发生过火灾，也还没有出现过龙卷风。不过假如有火灾或者龙卷风的话，学校里的每个人都知道做什么。

我的学校可能有时会出现紧急情况。假如发生了这样的事情，学校里的人都知道该做什么。

故事157　什么是演习

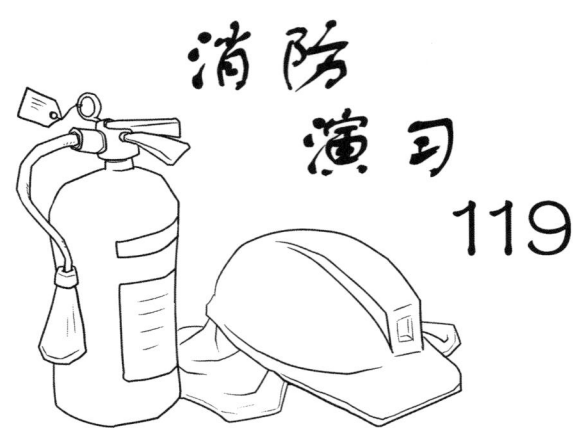

在紧急情况下，重要的是人们需要立即行动起来，并知道应该做什么。演习可以帮助人们为特大紧急情况做好准备。那么，什么是演习呢？

演习就是每次都以相同的而且是最好的方式进行的练习。演习可以帮助人们在遇到紧急情况的时候少犯错误。

在特大紧急情况中，每个人都要知道做什么。这一点非常非常非常重要。这样能保证每个人的安全。因此，很多人都是通过演习为特大紧急情况做练习准备。消防员、警察、医生、护士以及我们学校的人通过演习为紧急情况做好准备。

演习就是每次都以相同的而且是最好的方式进行的练习。这样一来，当特大紧急情况出现的时候，大家都知道应该做什么。人们通过演习练习处理紧急情况。这样，他们就能为紧急情况的出现做好充分准备。

故事 158　为什么校长要安排演习

多数的学校建筑都建在安全的地方。可能要隔很长一段时间，我们学校才会发生一次紧急情况。校园火灾和龙卷风都是特大紧急情况。我们校长每学年都会安排几次演习，来让我们练习遇到火灾或者龙卷风的时候要做什么。

演习就是每次都以相同的而且是最好的方式进行的练习。在紧急情况下能立即行动起来，这一点很重要。知道具体怎么做可以使人保持冷静，并且能保证自身安全。实际上在演习中，所有的一切都很安全，不会真的出什么问题。这是为紧急情况做练习的最佳时机。

我们的校长会安排演习。她知道什么时候进行演习。学校里多数人并不知道什么时候会有火警演习或者龙卷风演习。不知道什么时候有演习，其实也是演习的一部分。因为火灾和龙卷风的出现往往也是未预料到的，因此进行这样的演习很有必要。

上学的时候，学校里有很多人。没准哪一天，学校里会发生火灾或者龙卷风。每个人都知道遇到火灾或者龙卷风时要做什么，这一点很重要。这个需要练习才能做到。这也是校长安排演习的原因。

故事 159　学校里的火警演习

学校里的建筑物都建在安全的地方。可能要隔很长一段时间，学校才有可能发生一次火灾。假如发生了火灾，重要的是每个人都要保持冷静，并且要一起快速安全地离开大楼。这个需要练习。所以，校长才安排火警演习。

在火警演习的时候，学校里的一切其实都很安全，没有任何问题。这是学生和老师练习遇到火警时如何离开学校的最佳时机。

演习就是每次都以相同的而且是最好的方式进行的练习。在火警演习中，每个班级都有自己班级离开建筑物的路线。这样就能避免大家都挤在一起。假如真的发生了火灾，一条特别的通道能帮助每个人冷静、快速且安全地离开建筑物。

一旦到了外面，每个班都有一个特定的安全区。他们要在这里停下来，数数看是不是自己班上的每个人都出来了。然后，就等着"一切都安全了"的指示，再回到教室。

每个学年我们都要进行不止一次的火警演习。每一次演习的时候，每个班都是按照相同的方式离开建筑物，来到外面的同一个安全区。

多数的学校建筑都建在安全的地方。可能要隔很长一段时间，学校才有可能发生一次火灾。火警演习有助于老师和学生进行练习，这样每个人就都知道发生火灾时，该如何冷静、快速且安全地离开建筑物。

故事 160　学校里为什么有火警报警器

每所学校都有一个火警报警器。火警报警器是一种安全设施。我的学校也有火警报警器。

火警报警器能发出一种非常特殊、非常响亮而且令人感觉不安的声音。这是为了引起每个人的注意。火警演习开始时要拉响火警报警器。建筑物里任何地方出现火情都要拉响火警报警器。

火警报警器一响就要立即离开建筑物。学校里每个听到火警报警器的人都明白，这时候大家要离开建筑物，到外面的安全区去。

火警报警器听起来总是令人不舒服，就像我学校里的那个一样。即便我们知道了为什么把它们做成这样，以及它们代表的意义，它们的声音也还是一样令人不安。然而，它却使人们明白为什么每所学校里都要有火警报警器。

故事 161　龙卷风演习

多数天气情况对人来说是安全的。但是，每隔很长一段时间，就会出现十分恶劣的天气。在恶劣的天气下，人们往往要做一些特别的事情来确保安全。龙卷风就是一种十分恶劣的天气情况。

每所学校里都有很多人。假如龙卷风来了，重要的是要把每个人都带到学校里更安全的地方。龙卷风演习就是大人和孩子练习如何转移到学校的安全区去。

龙卷风演习开始的时候能听到一种很刺耳而且很特别的声音。这种刺耳且特别的声音能帮人们清楚地把它和其他的铃声区别开，比如课间休息结束时的铃声。当大人和孩子听到这种声音的时候，他们就知道这是练习如何转移到学校的安全区去的时候了。

在龙卷风演习的时候，实际上并没有龙卷风。这不过是在练习冷静且快速地转移到安全区去。假如哪一天有龙卷风了，这种刺耳且特别的声音就会响起来。当龙卷风演习结束后，大家就放学了。

我的学校里会有龙卷风演习。我们会练习在发生龙卷风的时候做什么。这样的话，假如哪天真的来了龙卷风，我们就都知道该做什么了。

故事 162　大家都去哪儿了

放学了。大家都去哪儿了？

我的老师可能要在回家前去一趟超市。

一名学生可能要去上音乐课。

另一名学生可能要去练棒球。

有时候，几名学生可能要一起玩。

还有一名学生可能要回家休息，自由活动。

放学后，每个人都要按他们自己的方式继续这一天。

第十四章　地球

故事 163　这就是地球上的生活

　　我居住在地球上。所有人都和我一样居住在地球上。地球是我们的"家园"。人类有许多十分相似的经历。这些经历是地球生活的一部分。

　　人们早上会醒来。有时候，他们早上醒来很高兴。有时候，他们想要再多睡一会儿。这就是地球上的生活。

　　人们住在家里。有时候，一切都很顺利。有时候，有些事情会出问题。这就是地球上的生活。

　　人们常常要在不同的地方之间奔波。有时候，他们准时到达。有时候，他们会迟到。有时候，他们又会早到。这就是地球上的生活。

　　人们会犯错。有时候，他们犯的错误很大。有时候，他们犯的错误却很小。这就是地球上的生活。

　　对所有居住在地球上的人来说，很可能会出现以下情况：

・有时候他们醒来时很高兴，有时候他们还想要睡。
・有时候一切都很顺利，有时候有些事情会出问题。
・他们有时候准时，有时候迟到，有时候早到。
・他们有时候犯大错误，有时候也会犯小错误。这就是地球上的生活。

因为我是地球上的人,很有可能会出现以下情况:

- 有时候我醒来时很高兴,有时候我还想要睡。
- 有时候一切都很顺利,有时候有些事情会出问题。
- 我有时候准时,有时候迟到,有时候早到。
- 我有时候犯大错误,有时候也会犯小错误。这就是地球上的生活。

故事 164　我要坐飞机了

我叫乔丹。爸爸妈妈告诉我，很快我就要和他们一起坐飞机了。这就是说我将要坐在飞机里飞行了。

关于坐飞机这件事，我有许多要学习的东西。我有一整套的故事来帮助我学习如何乘坐飞机。

我很快就要坐飞机了。人们很可能会对我说，"祝你飞行顺利！"

故事 165　谁是机组成员

每一班飞机都有机组成员。机组成员通常包括一名驾驶员、一名副驾驶，以及一名或者多名空中乘务员。他们都穿制服。这样，乘客就知道哪些人是机组成员了。

驾驶员和副驾驶负责开飞机。他们经过学习与练习都懂得如何驾驶飞机。驾驶员和副驾驶在飞机前面的驾驶舱开飞机。他们的工作就是开飞机，同时领导机组其他成员。

空中乘务员在飞机的客舱内工作。他们经过学习与练习都懂得如何确保乘客的舒服和安全。客舱里有一个小厨房、一个或者几个卫生间，以及许多给乘客坐的座位。

机组成员的工作就是确保乘客的舒服和安全。

故事 166　谁是飞机上的乘客

很多飞机都搭载乘客。乘客就是凭票搭乘飞机的人。乘客可能是像我一样的儿童，乘客可能是像我祖父母一样的老人。有时候，小婴儿或者刚学会走路的孩子也可能是飞机上的乘客。

乘客不需要懂得如何驾驶飞机，或者如何确保大家安全。但是每名乘客都要听从机长和空中乘务员的指示，这一点很重要。为了突出这一点的重要性，法律中就有关于在飞机上要听从指挥的规定。这有助于机长和空中乘务员确保大家的安全。

我也可能是飞机上的一名乘客。假如我真的乘坐飞机，我可能会看到小婴儿、刚会走路的小孩子、大孩子以及大人。他们和我一样是乘客。我们都需要凭机票才能乘坐飞机。

故事 167　什么是安检

保证乘客和机组人员在飞机上的安全很重要。安检能够发现可能给飞行带来问题的乘客或者物品。这就是为什么所有乘客和机组人员都要先通过安检，然后才能登上飞机。

机场的工作人员会帮助每个人进行安检。这些机场工作人员对愿意合作的人很友好，而对不愿合作的人可能一下子就变得严肃了。这是因为他们在帮助大家进行安检的同时，还要寻找那些可能会给飞行造成问题的人和物。他们在同时做这两件事情。

尽早查出问题，要比乘客和机组人员都登机以后再发现问题要好。安检是发现问题的一种方法。机场工作人员的工作非常重要。合作的乘客有助于每个人顺利通过安检，这样大家都能顺利登机。

故事 168　安检的要求 *

进行安检的时候听从工作人员的安排很重要。多数人不喜欢进行安检。但这是每个想要乘坐飞机的人都必须做的事。

下面是安检时的一些要求：

- 假如安检处有人排队，那么就要排队等候。
- 假如机场工作人员要求你做这里没列出来的事情，按要求去做。
- 把登机牌和身份证出示给第一个工作人员。
- 把鞋和箱子放在传输带上通过安检仪。
- 把其他东西按要求放进筐子里。
- 走过安检门。
- 把东西放回箱子里，穿上鞋子。

遵守安检要求有助于机场工作人员发现有问题的乘客或者物品。这有助于确保每个人的安全。

---

* 编注：登录华夏出版社官网或关注华夏特教微信公众号，即可免费下载此故事插图。

故事 169　爸爸、妈妈和机场安检

有时候，爸爸妈妈在进行机场安检的时候很严肃，或者很紧张。要是孩子知道这其中的原因，以及爸爸妈妈进行安检时在想什么、有什么感觉，对他们会很有帮助。

首先，带着孩子的家庭在进行安检时有些难度。一家人乘坐飞机时携带的东西比较多。带这些东西是为了让孩子的旅途更加舒服、有趣。可是在进行安检时压力就会大一些。有些东西需要打开，然后放到安检仪上检查。爸爸妈妈对这个感到很担心。事后他们又要把东西装回去，对此他们也担心。他们担心装回去的时候会漏掉什么东西。而且，最重要的一点是他们还要时时注意孩子的动静。在那么短的时间里，他们要照顾的事情可真不少。

其次，尤其是在排长队的时候，爸爸妈妈希望孩子能乖乖听话。而当爸爸妈妈想到自己身后排着的那些人的时候，压力就更大了。因为他们知道其他人也想要快点通过安检。有时候，爸爸妈妈可能会要孩子动作再快点。而孩子呢，可能被什么有趣的东西，比如传输带、安检仪等，吸引了注意力而听不进爸爸妈妈的话。

一大家人进行安检要比其他人慢一些。有时候，爸爸妈妈可能看上去很严肃、很紧张。让孩子们知道这其中的原因对他们有好处。

书号	书名	作者	定价
	教养宝典		
0868	积极行为支持教养手册：解决孩子的挑战性行为（第2版）	[美]Meme Hieneman 等	78.00
0846	做不吼不叫的父母：儿童教养的105个秘诀	林煜涵	49.00
*0829	早期干预丹佛模式辅导与培训家长用书	[美]Sally J. Rogers 等	98.00
*8607	孤独症儿童早期干预丹佛模式（ESDM）	[美]Sally J.Rogers 等	78.00
*0461	孤独症儿童早期干预准备行为训练指导	朱璟、邓晓蕾等	49.00
*0748	孤独症儿童早期干预：从沟通开始	[英]Phil Christie 等	49.00
*0119	孤独症育儿百科：1001个教学养育妙招（第2版）	[美]Ellen Notbohm	88.00
*0511	孤独症谱系障碍儿童关键反应训练掌中宝	[美]Robert Koegel 等	49.00
9852	孤独症儿童行为管理策略及行为治疗课程	[美]Ron Leaf 等	68.00
*9496	地板时光：如何帮助孤独症及相关障碍儿童沟通与思考	[美]Stanley I. Greensp 等	68.00
*9348	特殊需要儿童的地板时光：如何促进儿童的智力和情绪发展		69.00
*9964	语言行为方法：如何教育孤独症及相关障碍儿童	[美]Mary Barbera 等	49.00
*0419	逆风起航：新手家长养育指南	[美]Mary Barbera	78.00
9678	解决问题行为的视觉策略	[美]Linda A. Hodgdon	68.00
9681	促进沟通技能的视觉策略		59.00
9991	做看听说（第2版）：孤独症谱系障碍人士社交和沟通能力	[美]Kathleen Ann Quill 等	98.00
*9489	孤独症儿童的行为教学	刘昊	49.00
*8958	孤独症儿童游戏与想象力（第2版）	[美]Pamela Wolfberg	59.00
*0293	孤独症儿童同伴游戏干预指南：以整合性游戏团体模式促进		88.00
9324	功能性行为评估及干预实用手册（第3版）	[美]Robert E. O'Neill 等	49.00
*0170	孤独症谱系障碍儿童视频示范实用指南	[美]Sarah Murray 等	49.00
*0177	孤独症谱系障碍儿童焦虑管理实用指南	[美]Christopher Lynch	49.00
8936	发育障碍儿童诊断与训练指导	[日]柚木馥、白崎研司	28.00
*0005	结构化教学的应用	于丹	69.00
*0149	孤独症儿童关键反应教学法（CPRT）	[美]Aubyn C. Stahmer 等	59.80
*0402	孤独症及注意障碍人士执行功能提高手册	[美]Adel Najdowski	48.00
*0167	功能分析应用指南：从业人员培训指导手册	[美]James T. Chok 等	68.00
	生活技能		
*0673	学会自理：教会特殊需要儿童日常生活技能（第4版）	[美] Bruce L. Baker 等	88.00
*0130	孤独症和相关障碍儿童如厕训练指南（第2版）	[美]Maria Wheeler	49.00
*9463/66	发展性障碍儿童性教育教案集/配套练习册	[美] Glenn S. Quint 等	71.00
*9464/65	身体功能障碍儿童性教育教案集/配套练习册		103.0
*0512	孤独症谱系障碍儿童睡眠问题实用指南	[美]Terry Katz 等	59.00
*05476	特殊儿童安全技能发展指南	[美]Freda Briggs	59.00
*8743	智能障碍儿童性教育指南		68.00
*0206	迎接我的青春期：发育障碍男孩成长手册	[美]Terri Couwenhoven	29.00
*0205	迎接我的青春期：发育障碍女孩成长手册		29.00
*0363	孤独症谱系障碍儿童独立自主行为养成手册（第2版）	[美]Lynn E.McClannahan 等	49.00

书号	书名	作者	定价
	转衔|职场		
*0462	孤独症谱系障碍者未来安置探寻	肖扬	69.00
*0296	长大成人：孤独症谱系人士转衔指南	[加]Katharina Manassis	59.00
*0528	走进职场：阿斯伯格综合征人士求职和就业指南	[美]Gail Hawkins	69.00
*0299	职场潜规则：孤独症及相关障碍人士职场社交指南	[美]Brenda Smith Myles 等	49.00
*0301	我也可以工作！青少年自信沟通手册	[美]Kirt Manecke	39.00
*0380	了解你，理解我：阿斯伯格青少年和成人社会生活实用指南	[美]Nancy J. Patrick	59.00
	与星同行		
0828	面具下的她们：ASD女性的自白（第2版）	[英]Sarah Hendrickx 等	59.80
0614	这就是孤独症：事实、数据和道听途说	黎文生	49.90
*0428	我很特别，这其实很酷！	[英]Luke Jackson	39.00
*0302	孤独的高跟鞋：PUA、厌食症、孤独症和我	[美]Jennifer O'Toole	49.90
*0408	我心看世界（第5版）	[美]Temple Grandin 等	59.00
*7741	用图像思考：与孤独症共生		39.00
*9800	社交潜规则（第2版）：以孤独症视角解读社交奥秘		68.00
0722	孤独症大脑：对孤独症谱系的思考		49.90
*0109	红皮小怪：教会孩子管理愤怒情绪	[英]K.I.Al-Ghani 等	36.00
*0108	恐慌巨龙：教会孩子管理焦虑情绪		42.00
*0110	失望魔龙：教会孩子管理失望情绪		48.00
*9481	喵星人都有阿斯伯格综合征	[澳]Kathy Hoopmann	38.00
*9478	汪星人都有多动症		38.00
*9479	喳星人都有焦虑症		38.00
9002	我的孤独症朋友	[美]Beverly Bishop 等	30.00
*9000	多多的鲸鱼	[美]Paula Kluth 等	30.00
*9001	不一样也没关系	[美]Clay Morton 等	30.00
*9003	本色王子	[德]Silke Schnee 等	32.00
9004	看！我的条纹：爱上全部的自己	[美]Shaina Rudolph 等	36.00
*0692	男孩肖恩：走出孤独症	[美]Judy Barron 等	59.00
8297	虚构的孤独者：孤独症其人其事	[美]Douglas Biklen	49.00
9227	让我听见你的声音：一个家庭战胜孤独症的故事	[美]Catherine Maurice	39.00
8762	养育星儿四十年	[美]蔡张美铃、蔡逸周	36.00
*8512	蜗牛不放弃：中国孤独症群落生活故事	张雁	28.00
0697	与自闭症儿子同行1：原汁原味的育儿	[日]明石洋子	49.00
0845	与自闭症儿子同行2：通往自立之路	[日]明石洋子	49.00
7218	与自闭症儿子同行3：为了工作，加油！	[日]明石洋子	49.00

书号	书名	作者	定价
	孤独症入门		
*0137	孤独症谱系障碍：家长及专业人员指南	[英]Lorna Wing	59.00
*9879	阿斯伯格综合征完全指南	[英]Tony Attwood	78.00
*9081	孤独症和相关沟通障碍儿童治疗与教育	[美]Gary B. Mesibov	49.00
0916	三步解决学生问题行为	[日]大久保贤一	49.00
0831	问题行为应对实战图解	[日]井泽信三	39.00
0713	融合幼儿园教师实战图解	[日]永ich大铺 等	49.00
*0157	影子老师实战指南	[日]吉野智富美	49.00
*0014	早期密集训练实战图解	[日]藤坂龙司 等	49.00
*0116	成人安置机构ABA实战指南	[日]村本净司	49.00
*0510	家庭干预实战指南	[日]上村裕章 等	49.00
*0107	孤独症孩子希望你知道的十件事（第3版）	[美]Ellen Notbohm	49.00
*9202	应用行为分析入门手册（第2版）	[美]Albert J. Kearney	39.00
*0356	应用行为分析和儿童行为管理（第2版）	郭延庆	88.00

书号	书名	作者	定价
	ADHD系列		
0819	与ADHD共处	[日]司马理英子	59.80
0907	与ADHD共处（成人篇）	[日]司马理英子	59.80
0983	与ADHD共处（女性篇）	[日]司马理英子	59.80
0732	来我的世界转一转：漫话ASD、ADHD	[日]岩濑利郎	59.00
*0818	看见她们：ADHD女性的困境	[瑞典]Lotta Borg Skoglund	49.00

书号	书名	作者	定价
	学习困难丛书系列		
0871	学习困难学生教育指导手册		59.00
0753	小学一年级认知教育活动（教师用书）	"挑战学习困难"丛书 主编：赵微	59.00
0752	小学一年级认知教育活动（学生用书）		49.00
0754	小学二年级认知教育活动（教师用书）		59.00
0755	小学二年级认知教育活动（学生用书）		49.00
0834	学习困难学生基础认知能力提升研究与实践	刘朦朦	59.00
0973	学习困难学生的阅读理解教学（第3版）	[美]Sharon Vaughn 等	79.00

书号	书名	作者	定价
\multicolumn{4}{c}{经典教材|学术专著}			

书号	书名	作者	定价
*0488	应用行为分析（第3版）	[美]John O. Cooper 等	498.00
*0470	特殊教育和融合教育中的评估（第13版）	[美]John Salvia 等	168.00
*0464	多重障碍学生教育：理论与方法	盛永进	69.00
9707	行为原理（第7版）	[美]Richard W. Malott 等	168.00
*0449	课程本位测量实践指南（第2版）	[美]Michelle K. Hosp 等	88.00
*9715	中国特殊教育发展报告（2014-2016）	杨希洁、冯雅静、彭霞光	59.00
*8202	特殊教育辞典（第3版）	朴永馨	59.00
0802	特殊教育和行为科学中的单一被试设计（第3版）	[美]David Gast	168.00
0490	教育和社区环境中的单一被试设计	[美]Robert E.O'Neill 等	68.00
0127	教育研究中的单一被试设计	[美]Craig Kenndy	88.00
*8736	扩大和替代沟通（第4版）	[美]David R. Beukelman 等	168.00
0643	行为分析师执业伦理与规范（第4版）	[美]Jon S. Bailey 等	98.00
0770	优秀行为分析师必备25项技能（第2版）	[美]Jon S.Bailey 等	78.00
*8745	特殊儿童心理评估（第2版）	韦小满、蔡雅娟	58.00
0433	培智学校康复训练评估与教学	孙颖、陆莎、王善峰	88.00

社交技能

书号	书名	作者	定价
0758	孤独症儿童社交、语言和行为早期干预家庭游戏PLAY模式	[美]Richard Solomon	128.00
0703	直击孤独症儿童的核心挑战：JASPER模式	[美]Connie Kasari 等	98.00
*0468	孤独症人士社交技能评估与训练课程	[美]Mitchell Taubman 等	68.00
*0575	情绪四色区：18节自我调节和情绪控制能力培养课	[美]Leah M.Kuypers	88.00
*0463	孤独症及相关障碍儿童社会情绪课程	钟卜金、王德玉、黄丹	78.00
*9500	社交故事新编（十五周年增订纪念版）	[美]Carol Gray	59.00
*0151	相处的密码：写给孤独症孩子的家长、老师和医生的社交故事		28.00
*9941	社交行为和自我管理：给青少年和成人的5级量表	[美]Kari Dunn Buron 等	36.00
*9943	不要！不要！不要超过5！：青少年社交行为指南		28.00
*9942	神奇的5级量表：提高孩子的社交情绪能力（第2版）		48.00
*9944	焦虑，变小！变小！（第2版）		36.00
*9537	用火车学对话：提高对话技能的视觉策略	[美] Joel Shaul	36.00
*9538	用颜色学沟通：找到共同话题的视觉策略		42.00
*9539	用电脑学社交：提高社交技能的视觉策略		39.00
*0176	图说社交技能（儿童版）	[美]Jed E.Baker	88.00
*0175	图说社交技能（青少年及成人版）		88.00
*0204	社交技能培训手册：70节沟通和情绪管理训练课		68.00
*0150	看图学社交：帮助有社交问题的儿童掌握社交技能	徐磊 等	88.00

华夏特教系列丛书

书号	书名	作者	定价
融合教育			
0874	孤独症学生的融合教育策略	[美]Barbara Boroson	59.00
0917	融合教育理念重塑与实践突破	[美]Lee Ann Jung 等	49.00
0060	融合教育中的教师协作：专业学习共同体（PLC）教学实	[美]Heather Friziellie 等	49.00
0771	融合教育学校校长手册	[美]Julie Causton 等	59.00
0652	融合教育教师手册		69.00
0709	融合教育助理教师手册（第2版）		69.00
0801	特殊需要学生的融合教育支持	[美]Toby Karten	49.00
*9228	融合学校问题行为解决手册	[美]Beth Aune	30.00
*9318	融合教室问题行为解决手册		36.00
*9319	日常生活问题行为解决手册		39.00
0686	孤独症儿童融合教育生态支持的本土化实践创新	王红霞	98.00
*9210	资源教室建设方案与课程指导		59.00
*9211	教学相长：特殊教育需要学生与教师的故事		39.00
*9212	巡回指导的理论与实践		49.00
9201	你会爱上这个孩子的！：在融合环境中教育孤独症学生（第	[美]Paula Kluth	98.00
0891	巧用孤独症学生兴趣的20个方法"给他鲸鱼就好！"		49.00
*0013	融合教育学校教学与管理	彭霞光、杨希洁、冯雅静	49.00
0542	融合教育中自闭症学生常见问题与对策	上海市"基础教育阶段自闭症学生支持服务体系建设"项目组	49.00
*0561	孤独症学生融合学校环境创设与教学规划	[美]Ron Leaf 等	68.00
*7809	特殊儿童随班就读师资培训用书	华国栋	49.00
*0348	学校影子老师简明手册	[新加坡]廖越明 等	39.00
*8548	融合教育背景下特殊教育教师专业化培养	孙颖	88.00
*0078	遇见特殊需要学生：每位教师都应该知道的事		49.00
9329	融合教育教材教法	吴淑美	59.00
9330	融合教育理论与实践		69.00
9497	孤独症谱系障碍学生课程融合（第2版）	[美]Gary Mesibov	59.00
8338	靠近另类学生：关系驱动型课堂实践	[美]Michael Marlow 等	36.00

标*书籍均有电子书（2025.09）

新书预告

时间	书名	作者	估价
2025.10	融合教育学科教学策略：直接教学	[美]Anita L. Archer 等	88.00
2025.10	与 ADHD 共处（早期发现篇）	[日]盐川宏乡	59.00
2025.10	与 ADHD 共处（女生篇）	[美]Sonia Ali	59.00
2025.10	儿童行为管理中的罚时出局	[德]Corey C. Lieneman	39.00
2025.10	重掌失控人生：注意缺陷多动障碍成人自救手册	[美]Russell A. Barkley	88.00
2025.09	特殊需要学生融合教育质量评价	杜媛	98.00
2025.10	沟通障碍导论（第7版）	[美]Robert E. Owens 等	198.0
2025.12	家有挑食宝贝：行为分析帮助家长解决挑食难题	[美]Keith E. Williams	59.00
2026.03	融合学校干预反应模式实践手册	[美]Austin Buffum	78.00
2026.03	基于关系的亲子治疗：整合神经生物学、依恋关系、情绪调节与管教策略的实践指南	[美] Elizabeth Sylvester 等	78.00

华夏特教线上知识平台：

华夏特教公众号

华夏特教小红书

华夏特教视频号

"在线书单"二维码

微信公众平台：HX_SEED（华夏特教）

微店客服：13121907126

天猫官网：hxcbs.tmall.com

意见、投稿：hx_seed@hxph.com.cn

联系地址：北京市东直门外香河园北里4号（100028）

关注华夏特教，获取新书资讯！

故事 170　机场警察的话是什么意思

当人们通过机场安检的时候,机场安检人员会问他们一些问题,或者告诉他们要做什么。有时,机场安检人员可能用提问的方式来告诉人们该做什么。这个可能会有点难懂。而他们之所以这样做是出于礼貌。他们通过观察来寻找可能有问题的物品或人。这就导致他们会问一些没有选择但是友好的问题。而这些提问其实是要求。乘客要是明白这些提问其实是要求而不是真的提问,就能帮助他们在恰当的时候做出正确的事。

这里有一些例子:

- 机场安检人员可能会说:"我能看下你的登机牌吗?"这个其实是说,"我现在要检查你的登机牌。"
- 机场安检人员可能会说:"我能打开你的包看一下吗?"这个其实是说,"我需要检查你的包里面。如果你不同意,就可能不能登机。"
- 机场安检人员可能会说:"请解掉腰带,然后重新从安检仪那里走一次,好吗?"这个其实是说,"把腰带解下来,重新从安检仪那里走一次。"

机场安检人员在做一件非常非常严肃的工作,但他们努力保持礼貌。我们要是明白他们提出的礼貌的问题其实是要求,我们在进行安检的时候就能容易得多了。

故事 171　有时候登机桥的队伍走得很慢

机场的飞机飞进飞出。在飞机和机场之间通常会由登机桥连接。人们通过登机桥登上飞机。有时候，乘客需要在登机桥上排队等候。为了帮助人们保持冷静，我们需要了解为什么会这样。

客机有许多的座位。每个人在飞机上都有一个座位。可是能给人通行的空间并不多。当 50 个人，或者 100 个人，甚至更多的人登机的时候，中间过道很快就会挤满人。这样，队伍就会排到登机桥上去了。

同时，其他乘客已经进入飞机客舱，正在座位上安顿下来。有时候他们要脱下大衣，把行李收起来，或者协助身边的其他乘客。所有这些都需要时间，特别是乘客多的时候。

有时候登机桥的队伍移动得很慢，走走停停，停停走走。即便这样，这已经是让许多带着行李的乘客进入飞机、坐到他们的座位上去的最快的方法了。

多数乘客更愿意坐在座位上，而不是排在登机桥上慢吞吞的队伍里。他们可能会觉得有些不舒服或者沮丧。保持冷静很重要。有时候思考能起作用。乘客可以想，这就是 200 人同时登机时会发生的情况。或者，队伍很快又会向前移动。或者，等我在座位上安顿自己的时候其他人也得等着呢。想一些方法让自己在登机桥上时保持冷静是聪明的做法。

我需要通过登机桥登上飞机。如果登机的人很多，队伍可能移动得就慢。等候的队伍，包括我在内，可能需要走走停停。这个没关系。我会想一些方法让自己保持冷静。这是聪明的做法，对我周围的人也有好处。

故事 172　父母是重要的乘客

父母是重要的乘客。他们能帮助机组人员。

父母是重要的成人乘客。他们能注意听指示和要求，并且帮助自己的孩子遵从这些指示和要求。

这也是为什么我的爸爸妈妈会告诉我在飞机上使用卫生间需要等候，他们还会告诉我要坐在自己的座位上。听从机组人员的要求是他们的责任。

父母很重要。他们听从机组人员的指示和要求。这能帮助机组人员确保大家有一个既舒服又安全的飞行旅程。

故事 173　孩子是重要的乘客

孩子们也能在飞机上帮助大家有个安全、舒服的飞行旅程。听从父母的话，按要求做事就是孩子能起作用的地方。

我们坐飞机的时候，我要帮助我的爸爸妈妈。他们会告诉我飞行中对乘客的要求和规定。我会仔细听，并且遵守规定。我的爸爸妈妈和飞机上我身边的每个人都会因为我守规矩而高兴。

什么时候能解开安全带或者四处走动，这个问题首先要听机长的指示，其次由爸爸妈妈来决定。

机长决定什么时候乘客可以离开座位。每一架飞机里都有一张小小的安全带的照片，它同时也是一盏灯。我进入飞机后，我的爸爸妈妈就会告诉我它在哪里。每一排座位上都有安全带的标牌灯。

机长控制安全带标牌灯的开关。如果安全带的标牌灯是亮的，这就意味着每个人都要系上安全带。这是法律规定。

我会听爸爸妈妈的话，听从要求。这对大家有个安全、舒服的飞行旅程有好处。

故事174　本次航班准点吗

多数航班都能准点。但有些会有延误，还有一些会被取消。乘坐飞机就可能会遇到这些情况。

多数航班准点。准点的意思就是飞机按计划的时间起飞，一切都没问题，可以飞行。

有时候，航班会延误。这就意味着飞机要在晚些时候起飞和到达。这个没关系。有时候为了确保飞机在各方面都为飞行做好了准备，延误的时间就会比较长。

还有的时候，航班会被取消。这就意味着飞机不会按计划起飞了。这种情况下，乘客通常要换乘另外的航班。

多数航班都能准时起飞，但有些会有延误，还有一些会被取消。乘坐飞机就有可能会遇到这些情况。这就是地球上的生活。

故事 175　为什么有些航班会延误

任何航班都有可能遇到延误情况。延误可能发生在乘客登机前,也可能发生在乘客登机后。有时候,在飞行途中也会延误。还有些时候,飞机在着陆后会延误。还有些时候,一次飞行可能遇到不止一次的延误。

飞机延误的原因有很多。可能是有什么东西需要修理,可能是遇到雷暴天气,可能是机组人员需要休息,可能是跑道上有许多飞机在等候起飞,或者空中有许多飞机在等候降落。还有其他一些原因也会导致飞机延误。

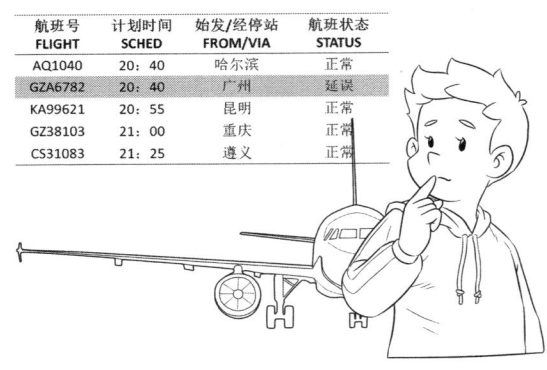

延误的时候,很多乘客会觉得有些失望或者沮丧。但这些情绪一般不会持续很长时间。大家都知道航班延误大多是因为有安全问题需要处理。了解这一点有助于乘客保持耐心、冷静。

航班可能会延误。原因有很多。航班延误通常是为了确保航班的安全。

故事176　我家附近有大火灾

我家附近的大火烧得离我家越来越近了。我下面要讲的这件事就变得非常重要。

火是由燃烧引起的火焰、热气以及火光组成。火很有用，但火也会带来严重的问题。火一直都很危险。了解火有助于保障我们的安全。

火有很多用处。人们用火来取暖照明，保持家里温暖舒服。或者用火烹饪食物。野营的时候，大人会生火。或者用火来点灯笼。火有许多的用途。

大人知道火的危险性，以及如何安全地使用火。他们知道安全用火的规则并且会遵守这些安全规则。他们也知道非常非常重要的一点，就是用火要小心。只有这样，火才是安全、有益且可控的。

有时候，火却又能变成一个非常严重的大问题。火势扩张，变得越来越大。人们想要控制住火势，但它却迅速地扩张，根本无法控制、无法扑灭。这种情况下，就要打电话给消防部门。

当户外发生火灾，并且火势很快蔓延开来，这就是大火灾。大火灾是非常非常严重的大问题。它们很快就变得很严重。大火灾非常非常难以控制。很多时候，消防员都要请求其他地方的消防员来帮助他们控制住火势。

在_____千米以外有一场大火灾。消防员们很难控制住火势。为了保住家人的安全和健康，我们有可能被要求从家中撤离。消防员正在密切观察火势。他们会告诉我的爸爸妈妈，我们是否需要从家中撤离。

故事 177　疏散是什么意思

有时候人们被告知需要从家中疏散。疏散的意思就是清空并且撤离。可是有时候，疏散是要带上重要的东西离开家，而把其他不重要的东西留在家里。

通常，一个家庭被要求疏散的原因可能是他们家面临危险。火灾非常危险。房子可能会燃烧起来。保护家人不受火灾的伤害非常重要。因此，很多家庭被要求从家中疏散。他们要去比较安全的地方。

大多数家庭从来没从家里疏散过。可能要很长一段时间，有些家庭才会遇上一次需要疏散的情况。当人们被告知要从家里疏散的时候，听从指挥非常重要。

疏散是父母保证孩子安全的办法之一。如果我家被迫要疏散的话，我可以帮忙。我可以帮助我的家人，保证他们的安全。爸爸妈妈会知道我要如何帮助大家。

故事 178　我们为什么要离开家

很多孩子都不明白疏散是怎么回事。通常他们会想知道为什么家人要离开家。有时候孩子会问他们的父母，"为什么我们要离开家？"

当消防员通知一户人家需要进行疏散的时候，非常非常非常重要的一点就是他们必须离开家。消防员研究火灾很久了，他们是火灾专家。他们知道什么情况下，大火离家太近了，需要进行疏散。听从消防员的指示是聪明的选择。

有时候，火灾看起来离家挺远的。待在家里似乎也不会有什么问题。可是，如果火情得不到控制，火势就会蔓延得非常快。这就是为什么在火势还在安全距离的时候消防员就会要求人们疏散。

消防员知道什么时候火灾离家的距离已经太近了。需要疏散的时候，他们会告诉人们。如果消防员说"是时候疏散了"，那么这就是该疏散的时间了。听从消防员的指示能保证我们的安全。

故事 179　人们宁愿待在家里

人们因为不得已的原因从家中疏散。假如他们能选择的话，他们会选择待在家里，做他们平常做的事情。他们希望大火灭了。他们希望自己家离火灾现场远一些。他们希望火势能得到控制。但是，希望是灭不了大火的。不然的话，火早就灭了。

人们长大以后就学会了要去做那些自己不想做的事情，而不是发脾气或者吵闹。他们可能感觉伤心、紧张或者不舒服，但是他们知道为了保证家人的安全，他们需要不断思考，然后采取行动。

有时候，大人通过回忆，想想生活不总是这样来让自己感觉好些。他们知道，火灾结束了他们就可以接着去做之前做的事情了。这时候大人通常都会说："生活恢复正常了，可真好。"这可以帮助他们记着没有火灾的生活是什么样的，也能让他们感觉好些。

如果爸爸妈妈说"是疏散的时候了"，一定要听从他们的指示。

故事180　或许我可以做这个

总有一天，我会长大成人。到时候，我会做什么工作呢？想想这个问题可能挺有趣。

有些人在为拯救地球资源而工作。或许我可以做这个。

有些人在电影院卖票。或许我可以做这个。

有些人写诗歌。或许我可以做这个。

有些人在电台工作。或许我可以做这个。

有些人教书。或许我可以做这个。

有些人在杂货店整理货架。或许我可以做这个。

有些人在寻找治病的方法。或许我可以做这个。

有些人在设计、画图。或许我可以做这个。

有些人在大城市里工作。或许我也可以这样。

有些人在户外工作。或许我也可以这样。

总有一天，我会长大成人。我会做什么工作呢？就看我怎么回答这个问题好了。

第十五章　社交文章

介　绍

社交故事的书写格式既灵活又高度结构化。**故事**可以是为婴幼儿描述马桶是如何工作的，也可以是描述向成人做出有效道歉的来龙去脉。**社交故事**要符合**听众**的发育程度，主题、格式、字体，以及词汇变化要随之调整。当孩子步入青少年阶段，经过时间考验的**社交故事**也要转型为更高级的形态——**社交文章**。我的名字叫卡罗尔·格雷，我是这些**文章**的创造者，我很荣幸地向你们介绍这一很少使用却很有价值的文体。

社交文章符合**社交故事**的所有标准，同时兼具有别于**故事**的几大特点。**社交文章**采用报宋体、版面分栏，并使用高阶词汇。从不以**听众**的口吻行文，极少以第一人称叙述。经常使用图表来组织或强调观点，可能会取代更为传统或初级的插图。

托尼·阿特伍德博士和我一起撰写了第一篇**社交文章**——《格雷的赞美指南》(*Gray's Guide to Compliments*)。我们调查了工作坊的听众，询问了"你多久能赞美一次你的配偶？"这样的问题，收集了很多资料。后来，这些资料被总结成22页长的孤独症成人用工作本。

社交文章和**社交故事**相仿，也有一系列的难点。我认为本章中的《人们为什么要泡澡或是淋浴》是**社交文章**的最初级版本。它处在**社交故事**和**社交文章**

的交界地带。本章中其他文章的难度依次加深，每篇都体现了前文已经指出的并在表1中列出的几个特点。

最后一点：如前所述，**社交文章**从不以**听众**的口吻行文，因此通常也不以第一人称叙述。但是，文章却可以以**作者**的口吻来写。在这种情况下，作者介绍自己及背景，并在分享信息时，融入慎重确定的个人观点或倾向。这使文章能够提供有关社交概念和社交技能的普遍认识和结论，或是表达观点，或通过他处没有的机会分享建议。本章也是本书的最后一篇文章——《为无意的错误而道歉》很好地说明了这一点。我希望你能喜欢。

我祝你在创作**社交故事**和**社交文章**时一切顺利！

> **表1：社交文章的常见特点**
> ・讲抽象或更高深的概念
> ・报宋体
> ・版面分栏
> ・高阶词汇
> ・从不以**听众**的口吻行文，通常不以第一人称叙述。
> ・使用图表组织或强调信息。

故事181　人们为什么要泡澡或淋浴

人们泡澡、淋浴。早在公元前3,300年，人们就有洗澡的习惯了。在古罗马帝国时期，洗澡开始成为人们每天必做的事情。明白了人们为什么要泡澡或者淋浴，能让我自己在洗澡时更容易。

历史上有许多关于浴缸和洗澡的故事。古希腊的发明家阿基米德，就是在自己进到浴缸后注意到水位线会升高的。他测量物体从浴缸里排出的水量以测量物体的体积。这可是个有趣的故事，同时这也是浴缸的一个特殊用途。在历史上，人们通过泡澡或淋浴来清洁身体。但是，我们为什么要这样做呢？

人们通过洗澡使自己保持干净，感觉更好，或者闻起来更好。身体干净，洗掉尘土和细菌是一个健康的好习惯。对很多人来说，脏是不舒服的感觉，甚至会感到痒。有时候，身体脏的人闻起来很臭。洗个澡就会使他们的皮肤感觉舒服，而且会让他们闻起来好得多。

人们也会因为其他人的原因而洗澡。他们在意别人的看法。既然很多人都觉得干净才会令人舒服，那么待在一个又脏又臭的人身边会让人感觉很不舒服。很多人都不想在一个浑身脏兮兮的人身边待着。而且，他们也不会想和又脏又臭的人做朋友。所以，人们有时候泡澡或者淋浴，以便使身边的其他人感觉舒服。

洗澡的历史和人类的历史一样长。我是历史的一部分。泡澡或者淋浴能让我感觉更加舒适，而且也会让别人觉得更舒服。

故事 182　分享地球

人们居住在地球上。地球属于每个人。有时候他们能很好地分享地球，有时候却很难。

地球上有些东西很容易就能被所有人分享。白天和黑夜就是一个例子。当地球的一边是白天的时候，另一边就是黑夜。有时候有些人的白天特别多，而其他人的白天却很少。由于某种原因，尽管白天和黑夜的时间并不一样多，但人们对此看来没任何意见。季节又是另外一个例子。当地球上的一部分地区是夏季的时候，其他地方是秋季。很多人喜欢夏季，而且地球上有些地方的夏季比其他地方的夏季时间要长。人们对此看来也没什么意见。

尽管太阳和季节其实很大也很重要，人们却想都不用想，轻易就分享了这些。有时候父母可能会告诉孩子他们需要学习如何分享。孩子和他们的父母一样很容易就能和他人分享太阳和四季。有这样一种看法：人们更容易分享那些他们可能无法拥有的东西，或者仅仅作为他们日常生活一部分的那些东西。

地球上的人需要一起思考如何分享其他东西。这也包括大人在内。如果把难以分享的东西列个表的话，那会比这本书还要长。这里举六个例子：钱、麦乳精、石油、电视、通心粉和奶酪，以及生活的社区。这几样东西要比太阳小得多，而且远没有季节那么重要，但是这些东西却是人们难以分享的东西。

还有一种看法：人们难以分享有限的资源。有时候，甚至大人都要想一想如何来分享这样的东西。他们也要努力教自己的孩子学会分享。

人们居住在地球上。他们需要分享地球。有时候他们很容易就能做到，有时候他们还要想一想。分享是地球上的大人和孩子的生活的一部分。

故事 183　晚间新闻

今天我们有什么改变

每天的同一个时间，电视上就会播放晚间新闻。晚间新闻在每天的同一时间开始，通常是由同一个人播报，这个人就是播音员。但是，新闻本身讲的却全都是变化。

有些播音员在开场白中会用一句话，比如，"各位观众，晚上好！"每次开始播报时，他们都用这句话。每天新闻结束时，他们通常也会说同一句话，比如，"今天的新闻播送完了，谢谢收看！"

看晚间新闻的时候，许多人都是坐在同一个位置，每天差不多同一个时间看同一个电视台的晚间新闻。同一时间，同一个频道，同一位播音员，相同的句子，相同的椅子。

可是新闻本身却永远都不会和前一天的一样。新闻报道变得不一样了。

预料到的变化通常来说没什么新闻价值。它们不会是重大新闻。"纽约现在是秋天了。我正站在一棵树前面。昨天这棵树就在这里。可是，今天它掉了几片树叶。"这样的新闻报道听起来如何呢？

最具有新闻价值的消息往往是那些人们未预料到的且不想要的变化。那些最大的、最重要的改变才会成为到处都播放的晚间新闻。

有这样一种看法：晚间新闻报道的内容每晚不同。可是新闻报道的方式却十分相似。对于生活在地球上的人来说，每天以相同的方式来了解每天的变化似乎是最好的方式。

故事 184　每天结束的时候

有一点变化，大部分还是维持原状

有这样一种看法：每天结束的时候，地球都有一点变化，但是大部分还是和以前一样。

每天都有许多变化。每天：

- 21.6 万名婴儿出生。到明天之前他们是地球上最新的成员。
- 每个人都大了一天。
- 每栋楼、每辆车、每张沙发、每台电视，以及许多其他的东西都老了一天。
- 很多人换了地方。有些人开车，有些人坐公交车，有些人坐火车，有些人乘船。他们还可以坐飞机飞到另一个地方。每天差不多有 4.9 万次航班。
- 有些植物长大了一些，所有的植物都变老了一点，而有些树倒下了。
- 发生地震 2,600 次，多数地震十分轻微，人们根本察觉不到。

每天结束的时候，地球上的变化多得数到第二天都数不完。

尽管每天有很多的变化，但从太空中看到的地球每天几乎都一样。那些超级庞大的东西不会有什么大变化。地球还是绕着太阳转。地球还是一样自转。海洋、高山、河流，以及山谷都还在它们很多年来一直都在的老地方。我们没必要每天给地球画一张新的地形图。

人们依靠地球来保持每天基本一样。这有助于他们制订每天、每月、每年的计划。这有助于他们理解明天的生活会是怎么样。这有助于他们在地球上保持舒服的感觉，从而把注意力集中在重要的事情上。

每天结束的时候，尽管地球上有许多变化，但是总体上还是一样的。这种看法能使人们每晚平静入睡。

故事 185　为无意的错误而道歉

请注意：由于通篇使用"他/她"行文非常别扭，因此本文中使用人称代词"他"，用以指代一个人，不分男女。

我的名字叫卡罗尔·格雷。尽管在犯下需要道歉的错误时我确实会道歉，但我并不是道歉专家。不过我的这些经验，再加上过去几十年里我对他人的观察，给予了我丰富的道歉背景资料。本文提出了我关于道歉及很可能有效的道歉的7大特点的理论和想法。

我的总体想法和理论也许并不能适用于每种文化或每种情况。请谨记，一旦涉及人，例外几乎不可避免。不管怎样，我会尽我所能，准确地描述我所发现的关于在大多数时候有效的道歉的真相。

按照字典网站dicti-onary.reference.com所述，道歉最常见的意思是："一个人对侮辱、失信、伤害、错怪他人，以书面或口头形式，表达出的悔恨、自责或悲伤。"我还找到了其他三种定义，但在本文中，我所指的正是我刚刚引述的这种意思。

人们彼此之间会犯错。这在所难免。地球上的人类居民没有哪个从没犯过错。有一些错误是有意为之的，而另一些则是无意的。

我3岁时，把姐姐的娃娃手提箱放到了马桶里。我的目的就是要把它放进马桶，我也那么做了。那是个坏主意，也成了一个故意犯下的错误，它令一个完美无瑕的娃娃手提箱湿透了。我的姐姐非常伤心。

我估计我犯过更多无意的错误。在这些错误中，我的打算并无恶意，我没想过伤害任何人，但是我却做出了伤害。举个例子，我未加思索就说出来的话却令某人不高兴或是生气。我也曾意外地弄坏过不属于我的东西。我还曾在不知情的情况下令他人不便，等我明白过来为时已晚，损害已经造成。在本文剩下的部分里，我将聚焦那些无意却对他人造成不良影响的错误，以及很可能有效的道歉。

当意识到自己犯了错而且需要道歉时，很多人都会感到焦虑或是不安。理解这种不舒服的感觉从何而来会有帮助。道歉可能会令人不舒服是因为：

1. 本没有不好的意图，所以当意识到伤害了别人时，吃惊或震惊中会有不快的情绪；

2. 当错误是个意外时，为错误负责可能会有些难；或者

3. 被伤害到或被麻烦到的人经常不开心或生气，因此靠近他或和他交谈可能没那么开心。

这并不是一张完整的列表。为无意的错误而道歉会不舒服还有其他的原因。

道歉并不总是不舒服的。这主要取决于所涉及的人，以及错误的严重性。有一件事可以肯定，每个人都会犯下无意的错误，道歉通常是一剂良药。

在进一步深入前，请谨记，道歉可能会有很多种形式。有言语道歉、电邮道歉、小礼物或花上附带道歉、贺卡里面写出的道歉。有时候，人们还会在道歉时送上亲手做的蛋糕、饼干，画的画或其他什么。

当某人决定去道歉时，他可以做7件事（见表1）来提高成功概率，从而改善对方的情绪。

1. 最好的道歉是真诚的。道歉的人因他说的话或做的事伤害或麻烦到了其他人而感到悔恨。

2. 最好的道歉要选对时机。首先，早道歉比稍后道歉要好，稍后道歉比很久后再道歉要好。从犯错到道歉之间间隔的时间越短越好。其次，人们要学会在他人有空谈话时致歉。向一个正在忙碌、心烦意乱，或是正承受其他压力的人道歉，是非常冒险的。比如，一个男孩想在他妈妈忙着为8位贵客准备晚餐时向妈妈道歉，就选错了时间。除非，这个男孩是为了他的青蛙刚刚跳进了盛满潘趣酒的酒碗而道歉。这种情况下，虽然是

表1：对于无意犯下的错误，很可能有效的道歉的7大特点：

最好的道歉：
1. 是真诚的。
2. 要选对时机。
3. 从名字开始。
4. 要描述错误。
5. 要表达遗憾之情。
6. 要承认他人的感受。
7. 是负责的。

不好的消息、不好的时机，但是妈妈需要知道他现在很抱歉。

3. 最好的道歉从名字开始。对很多人来说，听到自己的名字会唤起他们的注意。从一开始道歉就要有针对性。等待对方示意，例如从正在做的事上抬头看一眼，或是其他表示注意的迹象，都是好事。除了名字，很多人发现说一些"我需要和您聊聊。现在合适吗？"这样的话，得不到答复就不继续说，是试探时机是否恰当的好办法。

4. 最好的道歉要描述错误。在我的经历里，曾有过几次我道了歉，却发现人家并不太清楚我说的是哪件事。生活很忙碌，每天都有很多事发生，一个人需要点时间才能专注于过去的某一件具体的事，即便这件事刚过不久。如果他人不知道你犯了错，描述错误就绝对有必要了。例如，"还记得吗？你昨天把外套借给我了。我穿着它去比赛，可当我脱下它时，它掉进了泥坑里。"

5. 最好的道歉要真心实意地表达遗憾之情。我是这样看"对不起"这三个字的：对很多人来说，这三个字很难说出口，因为这么说就像是在承认自己有过错。当无意中犯了错时，承认有过错通常不太符合实际情况。"对不起"并不总表示一个人有过错，错误的相关细节才能表示。"对不起"通常只是单纯地表达遗憾，相当于在说发生了这样的事，我很遗憾。

6. 最好的道歉要承认他人的感受。对于那个青蛙跳进酒碗的男孩来说，说一句"妈妈，我知道你想要把聚会办好"就是在支持妈妈，也许能尽早解决问题。或者，在外套掉进泥坑的事情里，一句"我知道那是你最喜欢的外套"这样的话，也许就能化解失望与怨恨。

7. 最好的道歉是负责的道歉。这包括主动提出帮忙解决问题、承诺今后不再这样做，或是两样都有。

继续我们的例子，那个男孩可能会把青蛙放回笼子，主动帮着清洗酒碗并制作新的潘趣酒，同时做出让青蛙远离以后的晚餐聚会的承诺。对于那件外套，提出清洗是道歉的重要部分。说一说如果有下次会怎样，例如："我真希望自己能再小心一点，把外套放进我的背包。"以此重建信任。

我列出的这些特点是一份指南,也是我对自身和他人经历的总结。它们并不是一系列明确的步骤。

不完全符合这7大特点的道歉也有可能有效。这也是为什么我之前就说过,只要涉及人,就有例外!

词汇表

什么是词汇表

字典是按拼音字母次序编排的词语及其释义的列表。人们用字典来学习如何写或如何读一个字，或者查询一个字的意思。

词汇表也是按拼音字母次序排列的词汇列表。词汇表解释的是一本书里含义比较复杂的词语或者短句。这个词汇表是《社交故事新编》这本书的词汇表。

每个词语都有意义。每个词语都有一个意思，比如字典、词汇表。很多词语有不止一个意思。"意思"这个词就是其中之一。"意思"可以指意义、道理，也可以指意图、用意，也可以指乐趣、情趣，还可以指想法、心思。

偶尔，人们需要字典或者词汇表来帮助他们弄明白词语的意思。他们可能需要搞清楚"变形"这个词的意思。这个词已被列入本书的词汇表中。这是我们可以预料到的。"预料"是这个词汇表里的另外一个词。这个词汇表里还有许多其他的词语和短句。

在这个词汇表里，每个词条都用黑体字标出来。紧接着的是它的词性，标注在括号里。再接着就是释义及例句。例句都是出自本书，用楷体字标示出来。（参见下表）

词汇表

变形（动词）

变形：指某个生物或者东西彻底地改变外观或者功用（即它是如何工作的）。

例句：再一次变形，变成大一号的我。

变形（名词）

变形：指某个生物或者东西在外观或者功用上出现的一种巨大变化。

例句：这是变形的阶段。

变形金刚（名词）

变形金刚：本书中指在外观或者功用上会发生巨大变化的生物。

例句：蝴蝶就是个真正的变形金刚。

步／步履（名词）

步／步履：指把一只脚放到另一只脚前、后，或者侧面。

例句：我每走几步就要说"借过，借过"。

步／步骤（名词）

步／步骤：指完成一个任务或者达到某个目标所需的一系列行动中的一个。

例句：我会努力按照这些步骤来好好洗手。

猜／猜猜／猜测（动词）

猜测：在没有足够证据的情况下，仍倾向于相信某件事是真实的、正确的或者对的。（动词）

例句：妈妈猜测今年的聚会会有许多好吃的儿童食物和甜品。

猜测（名词）

猜测：在没有足够证据的情况下，对某件事的真实性或正确性持相信的观点。（名词）

例句：外公说很多人就是喜欢包礼物，所以他的猜测是今年他们还是会包好礼物。

东西（名词）

东西：指任何真实的物体。

例句：他帮忙发明了灯泡和很多其他东西。

东西：指一个人的衣服、玩具或者个人物品。

例句：我们会把我的大部分玩具和其他东西装进打包箱。

合作（动词）

合作：为了相同的目的，以一种互助的方式一起工作或者玩乐。

例句：当人们需要帮助的时候，他们就会与他人合作。

合作（名词）

合作：为了相同的目的，以一种互助的方式一起工作或者玩乐的行为。

例句：合作是一种线索，暗示她很高兴让我帮助她。

合作的（形容词）

合作的：愿意帮助别人或者和别人合作（参见动词"合作"）。

例句：当一个好玩的活动结束了，我会努力保持冷静与合作。

合作性的词语（形容词 + 名词）

合作性的词语：指那些有助于一起工作以及玩乐，从而达到同一个目标的字词以及句子。合作性的词语是用一种冷静且友好的语气说出来的（参见"冷静的语气"）。

例句：用尊重的语气说话就是用一种冷静、平和的语气说出合作性的词语。

欢迎（动词、名词）

欢迎：指当别人到达时，很友好地和他们打招呼。（动词）

例句：欢迎来到能量堡！

经历（名词）

经历：是指一个人看到、听到或者参与过的事情或者活动。

例句：真实的故事往往描写的是一次经历。

经验（名词）

经验：指通过参与某件事情或者练习某项技能而获得的一种知识。

例句：他们有许多的经验。

沮丧（形容词）

沮丧：指因不能达到某个目标或不能做想做的事情而感到失望、不开心。

例句：要等等再拆开礼物可能会有点令人沮丧，特别是对孩子来说更是如此。

看法（名词）

看法：就是指一种猜测或者观点，用以解释一件事情是怎么发生的，以及为什么会发生。虽然未经证实，但看法往往建立在一些事实或者经验之上。

例句：有这样一种看法：人们更容易分享那些他们可能无法拥有的东西，或者仅仅作为他们日常生活一部分的那些东西。

冷静的（形容词）

冷静的：安静，平静，放松，不生气。

例句：保持冷静很重要。

冷静的语气（形容词+名词）

冷静的语气：听起来心平气和、友好且令人舒服的声音。

例句：当我高兴时，我很容易就能用冷静的语气、合作性的词语来交谈。

期望（动词）

期望：指认为什么事情应该发生。

例句：可是偶尔，大人也会期望和孩子握手。

社交故事（名词）

社交故事：指描述某一情景、某项技巧，或者某个概念的真实故事。社交故事的十条标准决定了研究、写作和给故事配图的过程。

例句：由卡罗尔·格雷写的《社交故事新编》这本书包含了很多社交故事。

事 / 事情（名词）

事 / 事情：指几乎任何的话题或者想法。

例句：每当我看到这些照片的时候，我就会想起自己学到的有关聚会的事情。

事 / 事情：指几乎任何的活动。

例句：有些事情是我喜欢做的。

事 / 事情：指几乎所有的情况。

例句：有时候临时有事情，可能人家就不能来了。

事 / 事情：指一种状态，如友谊、关系、情况，或者活动。

例句：但是很快，他们就会想要把事情做对。

在字典中，"事 / 事情"还有很多其他的意思。在这本书里，"事 / 事情"的含义就是以上几种。

受欢迎（形容词）

受欢迎：指以友好的方式被接受。

例句：尊重让每个人都觉得自己受欢迎，觉得舒服且安全。

未预料到的（形容词）

未预料到的：指使人吃惊的，没有任何警示就发生的。

例句：因为火灾和龙卷风的出现往往也是未预料到的，因此进行这样的演习很有必要。

预料（动词）

预料：指提前先思考，猜测可能会发生什么事情。

例句：托马斯·爱迪生预料到会犯错误。

预知（动词）

预知：指事先知道有事情要发生。预知往往是建立在证据之上。天气预报就是试着预知天气状况。

例句：没人能准确预知什么时候有人要欺凌别人。没人能准确预知学生在试图欺凌别人的时候会做什么。

这个没关系（短语）

这个没关系：这个短语通常用在描写令人吃惊的、不想看到的或者令人不舒服的情景之后。"这个没关系"意思是尽管某种情景可能并不是人们想要的，但是它还是发生了或者将会发生。"这个没关系"还指尽管某种情景可能令人吃惊、不是人们想要的或者令人不舒服，但是它是安全的。

例句：

但事实上，大人也有不知道的事情。这个没关系。

等候的队伍，包括我在内，可能需要走走停停。这个没关系。

有时候，我可能会去保姆家里一直待到父母来接我。这个没关系。

这就是地球上的生活（短语）

这就是地球上的生活：这个短语通常用在描写人们普遍的某种经验之后。这些经验可能是令人舒服的、好的经验，也可能是令人不舒服的或不想要的经验。不管指哪一种，它们都是地球上几乎所有人的生活的一部分。

例句：

伤心是一种不舒服的感觉。人们感到伤心没关系。当人们伤心的时候，他们要试着找个方法重新开心起来。这就是地球上的生活。

错误就是地球上的生活的一部分。犯错误没关系。

当孩子想要做什么事情的时候，他们需要得到大人的许可。是否给予许可需要大人来做决定。有时候孩子们能得到许可，有时候他们得不到许可。不管怎么样，这就是地球上的生活。

十周年增订纪念版的前言

鉴于卡罗尔·格雷本人独立或者与他人合作辅导孤独症及阿斯伯格综合征孩子的经验，她在1991年开创了**社交故事**法。近20年来，她不断地修改写**社交故事**的指南，而这些指南是基于对个人经验以及父母、老师和这些孩子自己的反馈的总结。经过多年实践，那些想法和策略已经成熟，而**社交故事**法已成为独立的研究课题。毫无疑问，在教育和治疗中运用**社交故事**法正是科学家所说的"循证实践"。**社交故事**确实有效。

无论何时只要我得知卡罗尔·格雷在写新书，我就变得兴奋异常，期待拜读她的最新见解。这些见解告诉我们孤独症谱系障碍的孩子如何理解和体会周围的世界。我知道我会把她开创性的想法和策略融入我的临床实践中，而且我会向老师们、家长们以及同事们推荐她的最新力作。当我在读《社交故事新编》这本书稿时，心里想，"卡罗尔，你又一次成功了！"她又写了一本非同寻常的书，这本书不仅仅能提高社会理解力而且能提高自我理解力。卡罗尔对孤独症的世界以及普通人的世界有着极其深入的洞见，她的**社交故事**是写给这两个世界的人的，帮助这两个世界增强相互之间的理解、交流和接纳。

这本书是对卡罗尔其他出版物的补充，它给人们提供**社交故事**范例，而这些范例不需要任何修改和编辑便能适用于某个特定的孩子及其特定的能力与情况。我向那些孤独症及阿斯伯格综合征领域的新人，如父母、老师、治疗师、心理学家，力荐这本《社交故事新编》，同时也要向那些有一定经验的**社交故事**写作者推荐这本书。当我辅导阿斯伯格综合征孩子的时候，我常常把我手里的这本书当成向导和灵感的来源。

  鉴于卡罗尔本人与孩子、家长以及老师们的丰富合作经验，她知道问题所在以及哪些是"热点话题"。这些热点话题包括应对变化、出错、特殊场合（比如参加生日聚会，或者坐飞机），以及控制和表达情绪等。卡罗尔在故事中的措辞非常小心。这本新书注入了她了不起的想法、智慧和才能。我会永远记得书里的某些部分，特别是这两句话——"大人是不断长大的孩子"，以及为"有些令人失望的礼物"而写的**社交故事**。我知道不论是孤独症谱系障碍的孩子还是普通的成人，他们都会喜欢《社交故事新编》中卡罗尔深刻而有见地的解读以及她给出的睿智建议，并将对此心存感激。

托尼·阿特伍德博士（Tony Attwood, Ph.D.）

图书在版编目（CIP）数据

社交故事新编：教会孤独症谱系障碍人士日常社会技能的185个社交故事：十五周年增订纪念版 /（美）卡罗尔·格雷 (Carol Gray)著；鲁志坚，王漪虹译. --北京：华夏出版社，2019.1（2025.10重印）

书名原文：The New Social Story Book, Revised and Expanded 15th Anniversary Edition: Over 180 Social Stories that Teach Everyday Social Skills to Children and Young Adults with Autism or Asperger's Syndrome and their Peers

ISBN 978-7-5080-9500-4

Ⅰ. ①社… Ⅱ. ①卡… ②鲁… ③王… Ⅲ. ①孤独症—儿童教育—特殊教育 Ⅳ. ①G76

中国版本图书馆CIP数据核字(2018)第125898号

All rights reserved.
© 2015 Carol Gray
Permission for this edition was arranged through Future Horizons.
◎华夏出版社　未经许可，不得以任何方式使用本书全部及任何部分内容，违者必究。
北京市版权局著作权合同登记号：图字01-2018-3444号

社交故事新编（十五周年增订纪念版）

作　　者	[美]卡罗尔·格雷
译　　者	鲁志坚　王漪虹
责任编辑	薛永洁
出版发行	华夏出版社有限公司
经　　销	新华书店
印　　装	三河市少明印务有限公司
版　　次	2019年1月北京第1版 2025年10月北京第6次印刷
开　　本	710×1000　1/16开
印　　张	18.5
字　　数	250千字
定　　价	59.00元

华夏出版社有限公司　地址：北京市东直门外香河园北里4号　邮编：100028
网址：www.hxph.com.cn　电话：（010）64663331（转）
若发现本版图书有印装质量问题，请与我社营销中心联系调换。